创新创业教育新形态系列教材

创业小白

实操手册

邓白君　黄洁琦　曹继娟

吴　隽　王丽娜　叶永翠　编著

肖　丰　黄漪岚　吴　莎

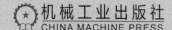

机械工业出版社

CHINA MACHINE PRESS

图书在版编目（CIP）数据

创业小白实操手册 / 邓白君等编著 . —北京：机械工业出版社，2020.6（2022.1 重印）
创新创业教育新形态系列教材
ISBN 978-7-111-65838-2

Ⅰ.①创… Ⅱ.①邓… Ⅲ.① 职业选择 – 手册 Ⅳ.① C913.2–62
中国版本图书馆 CIP 数据核字（2020）第 102106 号

机械工业出版社（北京市百万庄大街 22 号　邮政编码 100037）
策划编辑：赵志鹏　责任编辑：赵志鹏　徐梦然
版式设计：马精明　封面设计：鞠　杨
插画设计：马明赫　张嘉敏　马精明
责任校对：张玉静　责任印制：常天培

固安县铭成印刷有限公司印刷
2022 年 1 月第 1 版第 5 次印刷
260mm × 184mm · 14.25 印张 · 356 千字
标准书号：ISBN 978-7-111-65838-2
定价：64.80 元

电话服务　　　　　　　网络服务
客服电话：010–88361066　机工官网 http://www.cmpbook.com
　　　　　010–88379833　机工官博 http://weibo.com/cmp1952
　　　　　010–68326294　金 书 网 www.golden-book.com
封底无防伪标均为盗版　机工教育服务网 www.cmpedu.com

本书基于创业机会开发与价值创造活动的过程机制，根据编者提出的简单易用的 PIRT 创新方法论，引导学生开展创业活动。按照书中的内容安排，跟随相关步骤，学生即可完成一次完整的从创意到创造的体验，开发出创业项目雏形。本书具有适应面广、形式新颖、逻辑清晰、可操作性强等优点。书中展示了从发现创意点子到形成价值创造项目的全过程：从让读者相信人人皆可创业起步，引导读者去发现真实存在的问题与未被满足的需求，用科学的创新方法找到价值创新点，形成创业想法，通过设计商业模式、组建团队与获取资源来为创新创业创造条件，然后推动创业项目进入最简可行产品测试阶段，并用新媒体进行宣传推广，逐步推进落地实施。

本书对学生的基础知识和学科背景没有要求，既可以作为高职院校创新创业通识课的教材，也可作为有志于创业的社会各界人士学习的辅导读物。

本书配套有电子教案、电子课件和相关知识点的微课视频，并在超星学习通上建有教学示范包，方便老师一键建课。

美国学者迈克尔·波特在《国家竞争优势》里指出，一个国家的发展历程包括四个阶段，依次是生产要素驱动阶段、投资驱动阶段、创新驱动阶段和财富驱动阶段。投资驱动阶段是多数国家经济发展的门槛，世界范围来看能成功跨越的国家并不多。我国目前正处在由投资驱动阶段向创新驱动阶段跨越的关键时期。2014年，李克强总理提出"大众创业、万众创新"，并号召高校要为社会培养具有创业意识、创新精神的新一代年轻人。从各类纲领性文件的出台、各级创新创业示范校评比，到创新创业必修课全面铺开，以及"互联网+"大学生创新创业大赛的开展，全国高校轰轰烈烈地掀起了创新创业教育浪潮。

在这个大背景下，本书的主创团队也投身到了创新创业教育的队伍中。这些年，我们常常听到一些质疑的声音：

"我毕业以后没打算创业，为什么非要我学创新创业？"

"很多成功的企业家读书都不多。有没有创新精神，肯定是天生的。"

"你们是不是因为就业形势不好才叫我们创业的？"

"创新创业可以教吗？创新创业怎么教？"

实话说，我们迷茫过、疑惑过，过去的我们，确实没能太好地回答这些问题。时过境迁，在持续不断的努力探索之下，我想我们现在可以很肯定地给出答案。

创造力，是先天决定的吗？

创新，只能依赖灵光闪现吗？

创业，关键是靠敢闯敢拼吗？

事实上，个体的创造力除了先天个体因素以外，还受到很多因素的影响，是可以在后天被激发或被提升的。成就动机、外部的支持条件、创新氛围等，都可能激发个体的创造力。

我们认真地观察了华为、美的等创新型企业的新产品开发，发现创新成果并非源自工程师的灵光乍现，而是源自创新方法论指导下有步骤、有技巧的系列活动。我们对比了20世纪末和当前的企业家们，发现成功创业者的学历背景发生了极大的变化。从前常开玩笑称辍学才能创业，而现在许多成功创业者都拥有非常好的教育背景。

回顾近20年以来关于创新和创业的理论发展，Sarasvathy教授提出的效果推理（Effectuation）理论、Baker教授提出的资源组拼（Bricolage）理论、阿奇舒勒教授提出的TRIZ理论等，都对创新创业活动有着深远的影响。创新和创业，都需要学习。不论是开展狭义的还是广义的创新创业活动，只有在恰当的方法论指导下，才能事半功倍。

为了帮助学生顺利完成创新体验并使创意变成现实，我们开发了简单易用的 PIRT 创新方法论。在此基础上，我们编写了这套教材：一本是《创新小白实操手册》，面向理工科学生，完成从创意到创新实现的过程；另一本是《创业小白实操手册》，面向文科及艺术类学生，重在开发文化创意、社会创业等项目，实现从创意到价值创造的过程。PIRT 创新方法论，包含发现问题（Problem Discovery）、创新方法（Innovating Method）、创造条件（Resource Accessing）及测试实施（Testing and Executing）四步流程。第一步是发现问题，在书中我们要求学生寻找生活中未被解决的痛点与需求。许多人认为自己没有创新精神，往往是由于缺乏批判性思考的训练，常常陷于思维定式，对于工作生活中的种种不便习惯了逆来顺受。因此，痛点的寻找，对学生来说是一次非常难得的思维训练，可锻炼他们发现问题的能力。第二步是创新方法，启发学生创新地寻找解决方案，而不要满足于现有的解决方案；并设计可盈利的商业模式，至少保障项目具有可持续发展潜力。第三步是创造条件，包括团队组建与资源获取，可帮助学生思考如何在资源匮乏的情况下最大化利用资源。第四步是测试实施，包括最简可行产品测试等内容，不盲目推动项目实施，而是通过各种方法控制风险，确定了可行性，再推动创新想法落地实施。这四步既体现了基于创新的创业活动的全过程，也体现了发现问题 — 解决问题的全过程。

实践证明，学生的创新精神与创业意识不是在知识的灌输中"教"出来的，而是在一次又一次的实践及其反馈中培育出来的。创新方法论为学生开展创新活动提供了工具，创新成就感的正向反馈为学生再次创新提供了力量源泉。2017 年至今，PIRT 创新方法论已让数以万计的学生受惠，更孵化出中国"互联网＋"大学生创新创业大赛国赛金奖项目。PIRT 创新创业师资培训走进了全国十余所高校，获得参训老师们的一致好评。

本书的编写本身也是一次创新的过程。本书集合了多位创新创业领域一线教师的教学思考，原创了许多可以帮助学生迅速实现创新想法的工具。在"商业模式"这一部分中，我们对商业模式画布进行了可视化改造，并将其命名为"价值创造系统画布"。在"商业计划书"这一部分，我们总结了常见的表达，以填空的方式为学生提供指引。

全书共分为 8 章，黄洁琦、曹继娟与邓白君共同编写第 1 章，邓白君编写第 2、3、7 章，邓白君与黄洁琦共同编写第 4 章，曹继娟、黄洁琦、叶永翠、肖丰、黄漪岚、王丽娜共同编写第 5 章，曹继娟与邓白君共同编写第 6 章，黄洁琦、吴隽与吴莎共同编写第 8 章。

由于编著者水平有限，书中疏漏之处在所难免，希望读者批评指正。

编著者

二维码索引

名称	图形	页码	名称	图形	页码	名称	图形	页码
16. 价值创造系统画布的特色		109	17. 资源是在工作任务进程中分批投入		113	18. 建立与生态伙伴的合作关系		114
19. 利乐——发现行业链上利润的流向		127	20. 设计股权结构容易产生的问题		143	21. 初创企业股权结构计算表		145
22. 员工外租：新冠疫情期间，盒马生鲜租用西贝等餐饮业员工		156	23. 六度分隔理论		157	24. 可视化呈现：手绘图、模型等		164
25. 绿野仙踪法情景演练		165	26. APP 原型展示		166	27. 如何做用户体验地图		176
28. 搭建私域流量		185	29. 产品文案怎么写		190	30. 新产品怎样做营销推广		202
31. 路演视频		217						

前言
二维码索引

目录
content

content

第 1 章　开启你的创业之门

1.1 改变世界的创业故事

建千余所图书馆 为乡村孩子圆梦！他用行动绘出了一条特别的创业路

2019年第五届中国"互联网+"大学生创新创业大赛广东省分赛的决赛上，一项旨在帮助留守儿童的项目——"毕业后公益图书室"摘得亚军。2016年，广州大学的大二学生刘楠鑫联合海内外500名大学生发起"毕业后公益图书室"，至今已为国内欠发达地区的1488所乡村小学援建"爱心公益图书室"和"班级图书角"，输送课外读物达240万册，惠及35万名孩子。

鲜为人知的是，该项目的发起人刘楠鑫和他的小伙伴们曾经也是"留守儿童"。近日，在接受记者采访时，刘楠鑫说："正因为我们都是留守儿童，我们一定是全天下公益群体中最懂自己受助群体的人。"

留守儿童的童年梦想

刘楠鑫的老家在云南省昭通市永善县，在他4岁时，父母到昭通去打工，一年才能回一次家。刘楠鑫跟随外婆生活，成为一个"留守儿童"。贫穷的现实，孤独的童年，对知识的渴求，构成了刘楠鑫童年的底色。小时候，曾经有县里的人到他的学校捐赠。小小的刘楠鑫那时就发愿，自己长大了也要挣许多钱，来帮助别人，反哺家乡。

"穷也可以兼济天下"

2014年，刘楠鑫考上广州大学广播电视学专业。他参加了学校里的许多公益社团，也组织过同学去特殊学校当志愿者。这些经历让他对公益有了不同的认识。刘楠鑫很喜欢武侠小说中行侠仗义的英雄。"古话说'穷则独善其身，达则兼济天下'，其实穷也可以兼济天下。"在他看来，做公益在某种程度上就是正当的"劫富济贫"。2016年1月15日，刘楠鑫开始发起公益图书馆倡议。他通过互联网，发动同学和朋友，联合了北京大学、清华大学、哥伦比亚大学等海内外500名大学生，共同发起了"毕业后公益

图书室"项目，以帮助欠发达地区乡村小学，为他们提供积极、健康、精准的课外读物。很快，第一家"毕业后公益图书室"在广东省清远市佛冈县的一所乡村小学中建立起来。

项目至今已惠及35万孩子

2016年起，经过短短三年半时间，"毕业后公益图书室"已成长为国内支持乡村教育公益领域发展速度最快、规模和影响力最大的公益组织之一。数据显示，他们已联合65位知名明星、365家知名企业、10000余家爱心单位、35万志愿者、110万爱心人士，为国内1488所乡村小学援建"爱心公益图书室"和"班级图书角"，输送精准课外读物达240万册，惠及35万孩子。项目还于2018年12月在广东省青少年发展基金会成立"毕业后公益专项基金"。

600岁的故宫，越活越"年轻"

启发案例

说起北京故宫博物院，大家无疑会想起它悠久的历史文化。2020年，故宫迎来了600岁生日，拥有600年历史的故宫依靠自己的IP，通过创意设计和策划营销，推出了受到年轻人喜爱的文创产品。

2008年，故宫文化创意中心成立，而从严肃的紫禁城到"萌萌哒"故宫淘宝，这种转变源自2013年。当时，台北故宫推出了大受欢迎的"朕知道了"纸胶带，这让北京故宫博物院院长单霁翔认识到了文创产品的庞大市场。2013年8月，北京故宫第一次面向公众征集文化产品创意，举办以"把故宫文化带回家"为主题的文创设计大赛。当时，故宫的文创产品已达5000多种，但多数民众却并不知晓；年销售收入6亿元，看起来不少，实际上利润并不高。将文化产品融入百姓生活，融入流行时尚，对于当时的故宫来说，是迫在眉睫的。2014年8月，"故宫淘宝"官方微信公众号发布名为《雍正：感觉自己萌萌哒》的推文。即刻获得超过10万次的阅读量，"网红四爷"IP开始兴起。朋友圈刷屏，令故宫"萌萌哒"的形象深入人心，起到了非常好的带货效果。同年10月，故宫推出"朕就是这样汉子"折扇等一系列创意文化产品，让网友直呼"萌萌哒"和"脑洞大开"，不仅爆红网络，更让故宫IP再度延展。

2016年1月，三集文物修复类纪录片《我在故宫修文物》在CCTV-9首播之后，迅速在B站（bilibili视频弹幕网站）走红，B站点击量高达217.9万次，全网播放量达9782.7万次，豆瓣评分9.4分，比此前倍受好评的《舌尖上的中国》第一季评分还要高。值得一提的是，与以往的纪录片不同，

创业小白实操手册

《我在故宫修文物》在年轻人中的影响力非常大。自此开始，故宫IP对应的受众更加趋于年轻化。2018年11月，大型文化季播节目《上新了·故宫》播出，旨在打破大众对故宫的刻板印象，并打造承载故宫故事的文创产品，创新传承故宫文化。北京故宫博物院院长单霁翔曾在节目中提出：新与故，才能共同创造出永恒。

2018年12月，故宫文创馆推出"国宝色"口红，一经推出，就刷爆微博和朋友圈。预售的故宫口红48小时内订单量超过3000支；接着，故宫淘宝推出了口红套盒，开售不到一小时，销售量突破了5000套。2019年，为提前纪念故宫600岁生日，故宫文创又推出了联名信用卡、吉服、神兽雪糕、紫禁城六百年限定版时空彩妆、故宫日历、初雪调味罐、星辰时光行李箱、榫卯橡皮擦、牌匾橡皮擦、寓意"60分万岁"的瑞兽笔袋、"望子成龙"尺子，以及以太和殿、景福宫等建筑彩绘作为笔身图案的铅笔等。故宫文化不仅仅满足于做文创产品，他们还联合科技公司，推出了以《宫里过大年》为主题的线下沉浸式体验展，及以"金榜题名"为题的线下互动式展览，希望与老百姓产生更多的情感联系。

经过近几年的研发，故宫的文创产品已突破一万种；文创产品收入由2013年的仅有6亿元，到2016年的10亿元，再到2017年的15亿元。故宫在传统文化从简单商品到创意的过程中，搭建起了自己的文创商业版图和一个坚守IP价值与开放互动的产业链。北京故宫博物院的藏品量达到180余万件（套），然而这里的文创宝藏才刚开启，你准备好了吗？

启发案例

Drinkable Book —— 一本可以"喝"的书，改变了7亿人的命运

有一本书，不仅可以传播知识，还可以喝——Drinkable Book，它改变了几亿人的命运，它的作者叫 Theresa Dankovich。

Theresa 在加拿大麦吉尔大学攻读化学博士学位期间，一直聚焦于可再生资源材料和能适应不同的环境的低资源水灌装系统。在一次到非洲测试和实施水质改善设备时，她看到了一幕让自己痛心的场景：孩子们在河里打着混有泥沙的橙黄色的水直接喝。我们每天所喝的再普通不过的纯净饮用水，对当地人来说却是奢望！在全球，每年有6亿多人因缺乏最基础的净水设备而喝不到纯净的饮用水，由此导致的疾病、死亡不计其数，这种情况在发展中国家尤其严重。

Theresa 坐不住了，她决心改变这一切。她在实验室里摸索和试验了很久，发现一种叫纳米银的离子，简直就是细菌的克星！她把这种纳米银离子嵌入纸张后，就成了一种抗菌性极强、质地优良的黄色纸张材料，经验证，这种纸张能去除水中99%的细菌，饮用标准超过美国的直饮水。然而，Theresa在和当地居民聊天的过程中，发现最可怕的并不是他们的水受到污染，而是他们缺乏饮用干净水的意识和基本的卫生常识。知识的传播和这张滤纸一样重要。于是她想到了一个主意，利用一种食用级的墨水，将安全卫生饮水的知识，印刷在这些黄色的过滤纸上，做成一本书。这本书只有26页，平均每页可以过滤100升的饮用水，可以满足一个人4年的饮水量。

Theresa 从没想到，偶然间开始的一项研究，竟能改变几亿人的命运。Theresa 的生活也因此而和很多人的命运紧紧地联系在一起。每一天，都有人因为这本书和她的其他同类产品，而远离疾病和死亡。

这本可以喝的书被《时代》杂志评为2015年最棒的25个设计之一，Theresa也被《外交政策》杂志评为2015年度全球思想家。后来她又成为 Folia Water 公司的联合创始人和首席技术官，研究产品的升级改造。

这本能极大地改善不发达国家及地区人们饮用水质的书，无论是携带还是使用都是非常方便的。
第一步，轻轻地撕下书中的一张纸；
第二步，将纸放在一个容器上，当过滤纸使用；
第三步，慢慢倒入水进行过滤。

第1章 开启你的创业之门

启发案例

华裔女生造了一个叫"拥抱"的保温袋，拯救了1500万名早产儿

来自美国的华裔女生Jane Chen在斯坦福大学学习时期，选修了D·School（设计学院：以设计思维的广度来加深各专业学位教育的深度）的课程。在项目选题时，她得知一个惊人的数据，每年全球出生的2000万名早产儿中，近400万名早产儿活不过第一个月就会死去，特别是在那些贫穷地区。他们大部分是因失去体温而死，因为当地没有价值2万美元的昂贵保暖箱。为了保住这些初生的早产儿的生命，Jane Chen决定，她要改变这一切。她以超强的执行力，联系了计算机系、科学化学系的同学，快速地组建了一个团队。他们原本的目标是用传统保暖器1%的价格，制造最低成本的婴儿保温箱。但去到印度实地考察后，才知道现实情况远比想象中更糟糕，能提供保温设备的医院很少，并且医院离贫困母亲的居住地很远。所以无论医院的保温箱多有用、设计得多好，早产儿在生死线上的即刻的挣扎，大都发生在家中，而非医院。他们一开始雄心勃勃设计出的模型，在现实中只是纸上谈兵的废品。Jane Chen与团队决心一致："即使推倒一切重新来过，这件事也一定要有人去做。"他们买到了市场上几乎所有的婴儿保暖产品，拆了装，装了拆，一件一件地测试，争分夺秒地设计，团队成员没日没夜地讨论、研究、推翻、重来。一个符合预期的原型，终于在无数个覆灭的点子里出现了：一个叫作"拥抱"的保温袋。它的结构十分简单，只有睡袋、蜡包、加热器三个部分。操作也非常简单，第一步先把蜡包放在加热器里加热，第二步再把加热后的蜡包放到睡袋的夹层里。加热一次可以持续4~6个小时，由于蜡包的熔点与人体温度37℃一致，所以不会对婴儿造成任何不适之感。"拥抱"保温袋的价格，是传统保温袋价格的1%，贫穷的国家也完全能够负担得起。并且它可以在任何地方使用，不需要插电，操作简单，尽量减少潜在的危险。

Jane Chen为了能够帮助到更多人，带着"拥抱"，奔走世界各地，开始筹集资金。"当你为一件事情用尽全力时，全世界都会来帮你。"各方支援纷至沓来，甚至美国当红巨星碧昂斯都为这个项目捐赠了五十万美元。一只温暖的襁褓，为那些原本会消失的生命，夺回了活着的资格。2014年，Jane Chen被选为福布斯全球最具影响力30人之一，被时任美国总统奥巴马邀请去白宫交流，因为她手上的那只保暖袋，已经拯救了超过15万个小生命。非凡的成功，永远属于那些勇于铁肩担重任，破釜沉舟去实现抱负的人，用爱和行动让这个世界变得更美好。

启发案例

有一种鱼叫"幸运小铁鱼"，让千万个家庭免受缺铁之苦

多年前，加拿大的生物医学博士生 Christopher Charles走入柬埔寨的乡村时，发现当地的孩子和妇女时常感到虚弱、疲倦与头痛，有时甚至会突然昏倒。Charles深入调查后发现，上述症状持续发生的原因，是因为当地人身体里缺乏铁元素，血液无法将足量的氧气送至身体各处，造成缺铁性贫血，严重的话甚至会有生命危险。在柬埔寨，有44%的民众罹患贫血症，患者中包括三分之二的孩童。当地患贫血症的孩子不但看起来瘦小、虚弱，智力发展也相当迟缓。Charles 当时认为，最好的办法就是直接给予药片补铁，但却不是所有人都能负担药片的费用，有的人也不喜欢药物的副作用。其实，缺铁症状不仅仅发生于柬埔寨，世界各地的人们皆可能有此问题，其规模超乎一般人的想象。"缺铁是全球最大的营养不良问题之一，影响了全球20亿人口，相当于全世界有超过1/4的人口因为缺铁而受苦，这对人们的生活造成很大的影响，因此我想要提供更好、更可持续的方法来解决这个问题。" Charles表示。

Charles发现在烹煮食物时放入铁矿石就可以缓解这种情况，加热食物的温度可以让铁矿石释放出 60~300 毫克可供人体吸收的铁元素。他一开始设计了一个扁平的铁块，并试图说服柬埔寨妇女在料理时将铁块放进锅中，使铁元素释放到食物里。不过由于人类天生的直觉——铁块不能食用，Charles的初步尝试便以失败告终。Charles无奈地笑道："柬埔寨当地的妇女不想在烹饪时使用铁块，因为在她们眼里，铁块就像是个垃圾，不是会激发食欲的东西。"是啊，谁会在自己家的锅里放一块铁呢？又难看又倒胃口。

历经失败之后， Charles再接再厉，试着将铁块雕塑成花朵、鱼等各种不同的造型，再将其带到村落中征询当地人意见，最后他惊喜地发现柬埔寨人特别钟爱鱼造型的铁块。"在柬埔寨，鱼象征着幸运，所以妇女相信将铁鱼放进锅里，能够带给她们幸运。"这样一来，很多家庭主妇为了讨吉利开始用它做饭。终于，村民负担得起的又喜欢的补铁产品诞生了。 Charles于 2012年创立社会企业"幸运小铁鱼"（Lucky Iron Fish Enterprise），盼望这条"鱼"能真的带给人们幸运，让人们拥有更健康的人生。

公司成立初期，一只小铁鱼的定价仅为1.5美元（约9.5元人民币）。但是Charles很快地发现，小铁鱼售价再便宜，对于每日生活费不到一美元（约6.3元人民币）的柬埔寨人来说仍是奢侈品。此时他转念一想，既然缺铁性贫血是全球议题，何不将市场扩大至其他国家？于是他采取新的商业模式——"买一捐一"（buy one give one），将产品推广至北美地区。"在北美地区购买小铁鱼的顾客有能力负担产品的费用，但是柬埔寨乡间的人们无法购买小铁鱼，所以我们想用买一捐一的方式，把小铁鱼送到每一个需要的人手中。" Charles表示："我相信企业有责任去让生命更美好，并解决世界正面临的挑战，因此我相信社会企业。"无论在柬埔寨或是北美地区，小铁鱼皆对缺铁的人们进行了正向改变。目前，幸运小铁鱼与国际NGO合作，使全球66个国家的人民皆可顺利获得小铁鱼。几年来，这间公司已将15万只小铁鱼送到需要的人手中，让15万户家庭因此免受贫血之苦，Charles2020年的目标是将总销量提高至100万只。

第1章 开启你的创业之门

应用练习

你还知道哪些改变世界的创业项目

创业的终极目的是让世界变得更美好，我国涌现出越来越多的年轻创业者们，他们厚植家国情怀、追求进步觉醒、承继奋斗传统，把创新创业创造作为人生追求，解决社会问题、引领经济发展，在新时代建功立业。

你知道我国有哪些改变了社会生活方式、影响力辐射全球的创业项目吗？请把它们写在下面的表格里。

序号	创业项目简介	该项目解决的问题	给人们的生活带来了哪些改变
1	美团外卖是美团网旗下的网上订餐平台，于2013年11月正式上线。其外卖用户数达2.5亿，合作商户数超过200万家，活跃配送骑手超过50万名，覆盖城市超过1300个，日完成订单2100万单，是全球最大的外卖平台。外卖服务包括配送美食、水果、蔬菜、鲜花、蛋糕等，以及送药上门、跑腿代购等	数以亿计的人们的用餐生活方式和品质；数百万计的餐饮商家的销售与配送；几十万外卖骑手的生存和发展	为人们提供了一种触手可及、经济实惠的新选择，已经成为人们在堂食和做饭之外的第三种就餐方式
2			
3			
4			
5			

创业小白实操手册

1.2 我们身边的创业者

叁月壹科技创始人 —— 如何在大学里就获得百万融资

广州叁月壹信息科技有限公司成立于 2016 年 3 月 1 日，主要以线上智能IT报修平台，结合线下IT旗舰店的O2O 商业模式进行智能 IT 维护及相关服务。

公司创始人李庆权，广州番禺职业技术学院2016级旅游商务学院学生，是一个帅气的阳光男孩。他虽然年纪不大，却是连续创业者，他最早的创业经历是从高中开始的。他先后牵头带领团队创立了跨境电商项目"XL海外购""三点一"。他大一时是班里的班长，加入过学生会，曾休学一年，在中山大学进修过一段时间，又去了一些公司做过一段时间的基层管理人员。他的这些经历，也为他后面的创业打下了一定的基础。

从最初的宿舍创业到拥有自己的工作室，再到门店经营，叁月壹科技一步一个脚印，逐步发展壮大。叁月壹科技最初是为解决在校师生手机和计算机维修难、升级配置难等难题，以" IT 维修，触手可及"为宗旨，为师生提供线上报修、上门维修、线下体验相结合的一体化便捷服务，通过线上平台与线下旗舰店结合的形式，全面打通线上线下优势，真正实现一小时响应、 一站式服务，赢得了客户口碑，并通过口碑赢得了用户信赖。

公司成立初期缺乏资金，李庆权与某一机构洽谈，承接定制开发一个网站的技术外包工作，主要是上传视频、教学，类似于招聘，业务简单。他谈了一个多月，拿下这笔单子，共八万元。李庆权预计大概一个多月就能完成这笔单子，但到最后签合同的时候却被告知无法签约，因此也拿不到八万块钱。资金短缺，无法准时发放工资，李庆权决定从管理层做起，自己带头少拿或不拿工资，向员工说明问题，安抚大

创业小白实操手册

家的情绪。李庆权坚信，千万不要说"我不行，不可能"之类的话，遇到新事物，要敢于挑战。他本身是文科生，现在从事的工作却是偏理科的，很多东西都是自己慢慢去学的，关键在于愿不愿意付出时间精力去主动学习。

功夫不负有心人，叁月壹科技在 2017 年获得国内高新技术企业的 100 万元天使轮融资。李庆权说："说来也巧合，我与投资人在很久之前就相识，偶尔会给他打个电话说一下我们的业务，投资人很看好我们的模式。在我国，不缺乏创新与idea，关键是执行力，我们能把想法落实到行动上并坚持，也在不断成长。具体是我约了他，像平时一样聊天，我们谈天说地，一直聊到凌晨四点，期间都没有谈到融资的事。直到第二天早上离开之前的一个小时才向投资人开口，让他考虑一下融资的事，他立马答应。很多时候投资人不看事，而是看人，主要是他信任我。"该资金大部分已用于技术研发与技术人员培训。公司团队的创业事迹也多次被"广州青年报"等媒体报道。至今，广州叁月壹信息科技有限公司已经运营四年多，拥有自己独立的办公室和IT旗舰店，技术团队由多名国家级认证技术工程师组成，并与多个计算机品牌商达成合作，建立起了一个连接各大高校的校园手机计算机报修平台。

启发案例

95后文科生，酷炫玩转宿舍黑科技

在"太空舱"中学习和睡觉；垃圾桶"随叫随到"；用桌子"代替"计算机；再也不用为了宿舍谁最后一个关灯、拉窗帘争吵。北京理工大学"黑科技宿舍"在网上走红，大多数网友以为这间宿舍的改装出于学自动化的"理工男"之手，没想到却是由一群学设计的"95后"学生创作。

有记者来到这间"传说中"的"黑科技"宿舍。打开门后，发现这间宿舍和其他房间无异，标准的4人上床下桌的宿舍布局，那么，"黑科技"究竟藏在哪？

宿舍成员宋善台正在座位上修改论文，走近一看，他没有开计算机，而是用手指在桌子上敲打文字。原来，他使用了"投影键盘"，打开这个工具，桌子上就会投出一个像键盘一样的影子，在桌子的键盘上打字，通过蓝牙，打好的字就可以显示在手机屏幕上，文章修改完直接通过手机发送到老师邮箱。"着急的时候就不用再等待计算机开机了。"宋善台告诉记者，如果早晨交论文的话，还可以把键盘"投"在床桌上，这样"不出被窝也能提交"。"基本上桌子就可以代替计算机。"宋善台说。

记者注意到，宿舍里的垃圾桶有些与众不同，"这是我们用遥控车的底盘改造的。"另一位宿舍成员黄晓峰说，画设计图的过程中，又要丢垃圾，来回起身很麻烦？没关系，按一下手机遥控，用遥控车底盘改造的垃圾桶，就能来到你的跟前。他学的专业是产品设计，对于产品的内部构造"门儿清"，他将遥控车的底盘安在了垃圾桶下边，只要按一下遥控，垃圾桶就"随叫随到"了。黄晓峰在介绍"会动的垃圾桶"时，屋里的空调自动打开了，温度被调到了25℃/辅热。然而在场的所有人都没有碰过空调遥控器，"一定是舍友在外边开的空调。"黄晓峰说，宿舍里有温度传感器，宿舍外的人可以通过手机感应宿舍温度，通过手机控制宿舍空调，提前打开"预热"，进屋时就不会那么冷了。果然，过了一会儿另一位宿舍成员邓亚东回到了宿舍。

夜幕降临，宿舍的最后一位成员林宇楠也打完篮球回来了，他打开门的一刹那，屋顶上那圈LED亮了起来，窗帘也随之自动拉上，林宇楠介绍说，这并非是"自带特异功能"，而是因为宿舍里也装有门窗传感器，晚上回来的时候，只要一打开门，灯就会亮，窗帘也可以随之拉上，这就省去了"摸索灯开关"的时间。

记者访问了该宿舍的4名学生，得知他们这个创意来自于《星球大战》，电影中蓝光的特效让他们"有一种身居宇宙的感觉"，于是他们在天花板上安装了LED灯带，打开开关时，也能泛起蓝光。为了更好地衬托这道"蓝光"，他们又在墙壁上贴了黑色环保壁纸，在地上铺了灰色反光材料的地胶，"让蓝光从天花板到地面再到墙壁遥相呼应"。这样的设计让他们的宿舍生活充满了情调，"就好像把宿舍搬到了宇宙中"。至于那些"黑科技"，都是为"未来科技"的主题设计，灵感都是来源于宿舍的日常生活。利用所学科技知识，进行创新创造。这既让宿舍生活更便捷，也锻炼了他们的动手能力——这就是创业的开始。理科生可能侧重于发明与创造的过程，而文科生则更侧重于用户体验部分。怎样才可以更好地使用理科生"生产的科技"才是文科生最应该学习的。来吧，同学们！从身边开始，从改变自己的世界开始吧！

启发案例

借科研成果留港创业 ——"小鱼亲测"打造消费品最高行业安全标准

陈子翔是水中银（国际）生物科技有限公司（以下简称水中银）创始人，首届福布斯亚洲"30位30岁以下的商业领袖"，汇丰青年企业家奖（2011）亚洲区总冠军等荣誉的获奖者。他是土生土长的广州人，小学就读于广州市天河区的体育东路小学，中学就读于华南师范大学附中，高考时拿到全额奖学金去香港城市大学读建筑。同样是内地学生赴港读大学之后创业，大疆科技创始人汪滔因为需要完整的零配件供应链而把初创公司注册在了深圳；而需要先树立品牌形象和产品公信力的陈子翔，则把公司开在了香港。

当时，香港城市大学生物医学科学系教授郑淑娴正好开发了一项全新的生物检测技术：用一条经过改造、跟人的基因有90%相似的鲭鳉鱼替人类"试毒"，如果在检测环境下鱼发光或者死亡，则说明有安全问题。这种全新的生物检测方法是第二代技术，检测范围广而且见效快。举个例子，检测一袋奶粉的安全性，现在使用的第一代技术需要先明确检测的有毒物质到底是什么，然后根据不同的对象采取不同的检测试剂，一次只能检测10到20种有毒物质。而第二代技术只需要把一条转基因的鲭鳉鱼胚胎放进检测环境中去，只要鱼出现异常，就说明不安全，一次可以检测到更多的有毒物质。于是，陈子翔发邮件给校长，说服学校将技术商业化，并说服教授带的科研团队加入企业。

2010年，陈子翔联合团队创办了水中银，创新性地将原本停留在学术研究阶段的一种非动物测试"鱼胚胎毒理技术"正式应用到消费品行业中。通过对产品的毒性检测，规范行业标准，让企业快速了解产品安全毒性风险，

品质卓越

在急性毒、慢性毒与禁用成分筛查中都表现理想，获得绿鱼的产品消费者可以安心购买。

基本合格

在急性毒、慢性毒与禁用成分筛查中表现基本合格，获得黄鱼的产品消费者购买时要谨慎。

有待改善

在急性毒、慢性毒与禁用成分筛查中一项或者多项没达到标准，获得红鱼的产品建议消费者购买时特别谨慎。

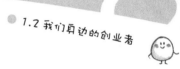

从根源上把控产品品质，助力企业从"品质到品牌"的战略升级，将好的产品提供给消费者。水中银于2015 年 4 月荣获第43届日内瓦国际发明展的最高荣誉大奖，是一家将高科技和履行社会责任结合在一起的优质创业企业。

2017年5月，水中银成立子公司，消费品信息平台——小鱼亲测上线。根据市面产品的畅销度、知名度筛选产品并发布检测结果，解决产品安全资讯的专业性门槛较高、客观检测结果难以触达大部分消费者的问题。在小鱼亲测平台上，复杂的生物检测指标与实验结果统计分析处理被分为直观明了的红、黄、绿鱼三类，安全水平依次升高。截至目前，平台已收录超过68万款消费品数据，推出20份安全榜单，包括食用油、速溶咖啡、BB霜、防晒霜、冰激凌、润唇膏、牛奶、狗粮、矿泉水、面膜等。消费品的安全升级需要多方的共同努力，小鱼亲测就是一个触达消费者、建立沟通培养共识的平台。对消费者而言，小鱼亲测能够提供高透明度的安全信息，为消费决策提供参考；对厂商而言，优质产品可以获得信用背书与曝光，带动品牌整体竞争力的提升；对水中银而言，小鱼亲测积累的C端影响力、公信力将引导消费者用人民币投票，推动行业新标准的建立，进而为母公司的检测咨询服务引流。

分析工具

IKIGAI：帮你梳理人生意义

大学生可能常常会觉得：人生好迷惘，我到底适合做什么？不满意现状，却又不知道未来路在何方。不如来试试IKIGAI方法，这是一种日本哲学，IKIGAI是日语单词的英文音译。从字义上来讲，"GAI"是意义、价值（Meaning、Value），"IKI"是生活（Life），即英文"The reason for living"，直译是"生活的意义"。"生活的意义"被过于简单地译为"忙于某项活动而获得的快乐"，这种活动既有意义又有目的。也就是说，每天早上叫醒你的是梦想吗？你的生存价值是什么？你的人生意义是什么？

第一层：IKIGAI的基础之圆
第一个圆：什么是你喜欢的
第二个圆：什么是你擅长的
第三个圆：什么是你用以谋生的
第四个圆：什么是世界需要的

第二层：IKIGAI的花瓣
第一朵花瓣：激情
第二朵花瓣：专业
第三朵花瓣：事业
第四朵花瓣：使命

第三层：IKIGAI的重瓣
第一个重瓣：满足，但会感到无助
第二个重瓣：舒适，但会感到空虚
第三个重瓣：激动、满足，但充满不确定性
第四个重瓣：快乐充实，但没有财富

第四层：IKIGAI的花心
什么是最有意义的人生呢？答案就在花心。
你内心深处有一种激情，一种独特的才能，它赋予你的每一天的意义，驱使你分享你最好的自己，伴随你一生，这就是幸福。

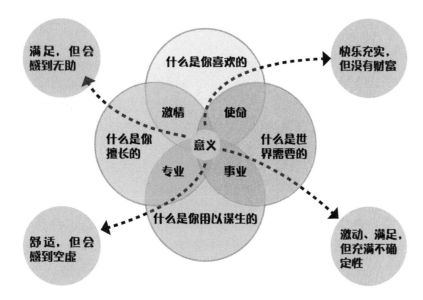

创业者处在花心位置，也找到了自己人生的意义

创业小白实操手册

1.3 什么是创业

科技创新：更美好地联结听障人与健听人

中国有规模很大的听力言语障碍群体，不能与社会有效沟通使他们感到十分痛苦，也严重影响了就业和生活。华南理工大学的几位大学生成立了一家创新型企业——广州音书科技有限公司，致力于通过"互联网+人工智能技术"改善听力言语障碍群体的沟通现状，并打造听力言语障碍群体的服务平台。

该公司提供的产品与服务包括一款用于听障人士沟通交流的工具软件——音书APP及一款可远距离接收语音并识别成文字的AR眼镜——听镜。他们通过在音书APP中嵌入语音识别及语音合成等技术，实现听障人士的信息无障碍沟通，同时通过人工智能技术进行语言康复，进一步改善听障人士与外界沟通的现状。音书APP主要有三大功能：一是字幕功能，实时声音文字转化，帮助听障人士与外界实现信息无障碍沟通；二是语音训练功能，通过人工智能技术帮助听障人士从零开始进行语言康复训练；三是打电话功能，在接入网络的情况下，实现电话文字翻译功能，帮助听障人士与家人朋友电话交流。与手机APP相比，AR智能眼镜具有使用便捷、听写距离远、避免安全隐患、提供更多交流信息的显著优势。他们目前正在进一步研发手语识别技术，致力于将手语转化成声音，让健听人士"听到"听障人士的手语。与助听器、人工耳蜗等助听设备相比，音书APP和AR智能眼睛具有成本低廉、安全环保的显著优势。

运用新技术改善听障人群与社会的沟通状况既是造福社会的善事，也具有空间广阔的市场。音书科技致力于让听障人士与健听人士交流零距离，共享科技魅力，共享社会进步成果带来的便利；同时，让听障人士更好地融入社会，投入生产，在实现听障人士的自身价值之外，也为社会贡献自身的力量。音书科技的战略愿景是运用高科技硬件和软件技术搭建国内首家全方面服务于听障人士的互联网平台，让听障人士"看见"声音，拥抱梦想！

第1卷

开启你的创业之门

知识介绍

"创业"一词的含义

在汉语词源里，"创"有"始造"之意，"业"有"事业、功业"之意。而现代意义的"创业（Entrepreneurship）一词，是由"创业者"（Entrepreneur）一词衍生而来，最早可追溯至1755年，法国经济学家理查德·坎蒂隆在其著作《商业性质概论》中首次提出"创业者"的概念，即"在担当风险的情况下，开启或运行一定业务来获取经济利益的人"。

"Entrepreneurship"在英语中另一种被广泛应用的解释是"企业家精神"或"企业家能力"，即"企业家在所处社会、经济体制下，从事工商业经营管理的过程中，在激烈的市场竞争中和优胜劣汰的无情压力下形成的心理状态"。

由此可见，"创业"这个行为本身是由创业者完成的，所以"创业"与"创业者"这两个概念是密不可分的，二者互相渗透、互相包含。

时至今日，"创业"依然没有一个准确的统一定义，不同的人有着不同的解读，其含义有着多元化的特征。

被誉为现代管理学之父的彼得·德鲁克在著作《创新与企业家精神》中写道："创业是一种行为，而不是个人性格特征。只有那些能够创造出一些新的、与众不同的事情并能创造价值的活动才是创业，它与管理是一体两面。"

百森商学院（Babson College）教授杰弗里·蒂蒙斯在其著作《创业创造》中给出的定义是：创业是一种思考、推理结合运气的行为方式，它为运气带来的机会所驱动，需要在方法上全盘考虑并拥有和谐的领导能力。

国内创业管理研究的领军人物，南开大学张玉利教授认为：创业是在资源高度约束、不确定性强情境下的假设验证性、试错性、创新性的快速行动机制。这个机制支撑的是改变、挑战和超越，创建企业只是创业的一种载体或手段。

百度百科上对创业的定义是：创业是创业者对自己拥有的资源或通过努力对能够拥有的资源进行优化整合，从而创造出更大经济或社会价值的过程。创业是一种需要创业者组织经营管理，运用服务、技术、器物作业的思考、推理和判断的行为。

知识介绍

基于创新的创业

近年来，根据麦可思研究院的数据，我国高校毕业生创业的行业集中于中小学教育机构、其他个人服务业、其他学院和培训机构、服装零售业和百货零售等生存型特征明显的创业领域。《全球创业观察2015/2016中国报告》显示，当前中国创业的技术含量偏低，69.79%的创业集中于批发、零售等客户服务业，技术含量和创新成分较低。美国、以色列等地的年轻创业者则更青睐于机会型创业，更擅长从技术、产品、服务创新入手，所提供的创业产品或服务具有创新性，获得的利润亦更可观。Airbnb、Uber、Facebook这些席卷全球的创新型创业企业，便是出自美国的年轻人之手。

对比面	生存型创业	机会型创业
创业动机	没有其他就业、选择或对其他就业选择不满意而从事的创业活动	通过发现或创造新的市场机会，为追求更大发展空间而从事的创业互动
创业目标	面对现有的市场，最常见的是在现有市场中捕捉机会	注重的是新市场，体现出创业市场的潜在性
成长愿望	满足现状，小富即安	把握机会，做大做强
创新程度	创新程度低	强调基于创新的创业，提倡基于技术创新、商业模式创新、管理创新等的创业活动
社会意义	技术壁垒低、不需要很高技能的行业，对产业结构升级几乎不发挥作用	基于商业模式创新、技术创新实现创业目标，成为产业结构升级的助推器和经济社会发展的重要驱动力

中外年轻人创业项目质量的差距，往往体现在创新程度的不同。这个差异一部分是源自技术积累不足，但更重要的原因是，大部分年轻人的创新思维未经过充分训练，很容易受思维定式的限制。看着别人卖奶茶赚钱，我们也跟风开个奶茶店，这不是我们的创新创业教育所提倡的。我们希望可以帮助大家，开发更多基于创新的创业项目。我们相信在恰当的引导之下，一个人可以不断训练自己打开心智枷锁，再遵循创新方法论的过程去执行整个创新活动，那么一定会得到有意义的创新产出。为此，我们开发了PIRT创新方法论（见本章第五节）。借助该方法论，循着本书提供的步骤与工具，读者便可以完成一次基于创新的创业项目开发。

第1卷

开启你的创业之门

知识介绍 对创业含义的重新解读

前面关于创业的定义是不是很深奥晦涩？现在我们试着用"00后"大学生能理解的语言，再来描述一下"创业"的含义。

> 我们和一群志同道合的伙伴，面临一个具有不确定性而又充满挑战的目标，一起去做一件有价值的事情。虽然这件事情既有可能成功，也有可能失败，但为了能够把机会变成现实，我们乐于坚持与奋斗，通过创造性的思考与行动来解决问题，为他人和自己创造经济与社会价值。

创业 ≠ 创办企业

当个创客

"创客"一词来源于英文单词"Maker"，是指出于兴趣与爱好，努力把各种创意转变为现实的人，也就是说在"玩"的状态中进行创造。创客不仅包含了"硬件再发明"的科技达人，还包括了软件开发者、艺术家、设计师等。

加入创业团队

通常来说，大型企业的分工比较明确，其工作的专业性会比较强，但也相对单一，缺乏延展性。找到有共同理想的人并加入他们，能比较完整地了解一个企业是如何起步运作的，可快速成为挑起大任的"多面手"，逐步形成"老板思维"。

广义的创业行为

在自己的岗位上创业

在自己的工作岗位上，始终保持好奇心与积极主动的心态，持续探索，用新的方式开展工作，或以差异化的方法，把工作做得更好。例如，通过独创、改进等方式，在生产、管理、服务等方面形成具有新颖性、独创性和效益性的制度、措施、方法、工艺、技术等。

带领团队进行自主创业

如果你有企业家精神，以及资源整合能力，可以召集并带领团队进行自主创业。自主创业对创业者要求最高，必须长期保持激情与斗志，具备克服困难的勇气与魄力，为社会解决问题，为员工提供就业岗位。

我们更希望你的自主创业是机会驱动型创业，是基于对市场机会的敏锐捕捉，而进行技术创新和资源整合，而不是生存型创业。

我们一定要郑重强调的是：创业不仅仅是创办企业，任何探索问题、解决问题，把想法变成现实并创造价值的过程都属于创业。创业不仅仅是工作和职业，还应该成为一个人的思维方式、行为方式和生活方式。

1.4 为何要创业

创业心智模式会给我们带来什么

让我们来想想"出去玩"的事情，跟团旅游与户外探险，两者有什么不同呢？

对比面	生存型创业	机会型创业
从过程来看	从 1 到 N 个方案的执行（对已知景点的验证）	从 0 到 1 的发现（对未知目的地的探索）
从目标来看	目标确定（明确的旅游路线）	目标不确定（大致的旅游方向）
从资源来看	直到拥有足够的资源才开始行动（做好预算并凑够钱）	从拥有的资源开始行动（一边走一边想办法）
从计划来看	大计划，事无巨细（规划好整个行程）	小行动，随时调整（说走就走）
从结果来看	可预测（不脱离已有路线）	创造多种可能（创造自己的路线）

户外探险活动充满了不确定性，只能运用新的思维，快速行动，在行动中试错和学习，并通过不断调整来实现目标。这种新思维就是创业心智模式。如果你能具备创业心智模式，你将为自己带来积极的变化。

	具有创业者心智模式的学生／员工	没有创业者心智模式的学生／员工
乐观／悲观	敏锐地看到机会	只看到困难
遇到问题	积极应对，主动想办法	真倒霉，反馈给老师／领导
学习主动性	主动计划学习、工作	等着别人安排
付出努力程度	为解决问题而沉浸其中，不知时间流逝	人生苦短，及时行乐
人生目标	有为社会和他人做贡献的目标	茫然

第 1 章 开启你的创业之门

知识介绍

VUCA乌卡时代

是否知悉"乌卡时代"的概念，是目前一些企业判断管理者是否落伍的标志，也是新一代创业者必备的认知。科技革命、互联网浪潮、经济危机、地区冲突、全球化带来的社会变化等因素的共同作用下，造就了一个变幻莫测的时代，也形成了新的商业格局。

乌卡即VUCA，是四个英文单词首字母的组合，指的是易变性（Volatility）、不确定性（Uncertainty）、复杂性（Complexity）和模糊性（Ambiguity）。

V 易变性

意味着事情变化非常快。

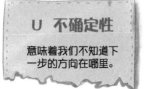

U 不确定性

意味着我们不知道下一步的方向在哪里。

C 复杂性

意味着每件事会影响到另外一些事情。

A 模糊性

意味着关系不明确。

诺基亚被微软收购的时候，有句话广为流传："我们没有做错什么，但不知为什么，我们输了。"是的，恐龙也没做错什么，马车也没做错什么，柯达胶卷也没做错什么。时代变了，环境变了，步伐跟不上，自然就被淘汰了，现实就是这么残酷。

身处"乌卡时代"，我们大学生将面临什么样的未来？

2017年，创新工场董事长兼首席执行官李开复曾在《奇葩大会》节目上说："未来10年，50%的人将要失业。而取代这50%的工作岗位的人不是别人，正是人工智能。"

思科(Cisco)全球CEO John Chambers 在2016年10月10日的IMF年会上说："突破性的技术和重大的科技变革必定会引起一部分工作的消亡，但伴随而来的，是新的就业被创造出来。绿色经济、科技经济和数字化经济领域的变革一定会带来新的工作……未来会有66%的工作是被新创造出来的，这些工作需要现在学校里的那些孩子们在将来去完成，那么现在最大的挑战就是，如何提前让他们做好迎接新工作的准备。"

这就是说，现在就读大学的我们，要做好准备去做目前还不存在，但未来会出现的工作；要做好准备去使用目前还没发明出来，但未来会出现的技术；要做好准备去解决目前还没明确，但未来会出现的问题。意不意外？！惊不惊喜？！

我们对大学生的创业教育，不是要每个学生都能成为企业家，但总有一天你们会需要像企业家那样去思考。创业教育的重点是培养学生的"创业心智模式"，即创业思维模式，培养"我能行"的态度，以适应未来即将面对的易变性、不确定性、复杂性和模糊性环境。

真正的"铁饭碗"是一辈子遇到什么情况，都有饭吃。你做好迎接新挑战的准备了吗？

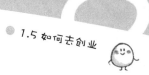

1.5 如何去创业

效果推理理论

我们的顾虑通常是创业需要很多钱、创业要冒很大风险，我的宏伟的目标能实现吗？是的，在现实中，创业者往往面临快速变化的市场需求，难以在创业初期预测到创业结果，在创业过程中也必须根据意想不到的问题和突然而来的机会进行目标调整，这意味着传统管理学中要我们按照"设定目标——计划——组织——实施——控制"的逻辑来行动的方法失灵了。因此，效果推理理论孕育而生。

效果推理是不确定性环境下进行创业决策的指导理论，为创业者"摸着石头过河"提供了有效的方法论，最早由美国弗吉尼亚大学达顿商学院的 Saras Sarasvathy 教授于2001年提出。她历经4年，深度访谈了30位专家型创业者，研究出了创业者决策的5个基本原则，并将这些原则按照一个逻辑串联在一起，形成了创业者的思维方式即创业思维。他们从拥有的资源出发，做可承担的事情，然后与他人分享，并获得他人的投入与承诺，在此基础上拓展新的目标和资源。从"我"到"我们"，共创一个有意义的人生。

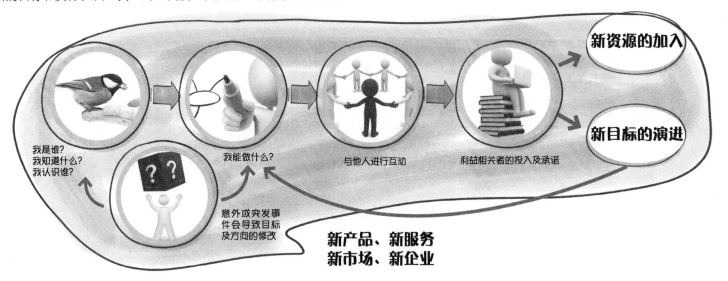

新资源的加入

新目标的演进

我是谁？
我知道什么？
我认识谁？

我能做什么？

与他人进行互动

利益相关者的投入及承诺

意外或突发事件会导致目标及方向的修改

新产品、新服务
新市场、新企业

知识介绍

效果推理理论的五大原则

01 试验原则

在找到真正有效的创业路径之前，先从手边拥有的资源出发，采用迭代试验的方法来进行各种尝试，在尝试中摸索正确的方向。

又被称为"手中鸟原则"

一鸟在手，胜过二鸟在林。寓意自己拥有的资源胜过无法得到的资源。

02 风险可控原则

创业活动的后果是不确定的，创业失败是常态。风险和损失可预测，但潜在收益的预测难得多。创业者应选择风险在可承受范围内的目标。

又被称为"可承担损失原则"

从自己能做的事情做起，依据可承受的损失做出决策，使创业风险降到最低。

03 联盟原则

创业者应努力与利益相关者缔结战略联盟，或争取利益相关者的支持，通过得到他们的承诺与支持增加可用条件，降低潜在的不确定风险。

又被称为"疯狂缝被子原则"

许多人将不同的布块缝成一个被子。寓意生成团队和共创伙伴关系。

04 拥抱意外事件原则

创业者应对创业过程中出现的意外事件或偶然因素持开放态度，迅速做出反应，调整方向，缩短试验时间，找到导向成功的可能路径。

又被称为"柠檬水原则"

假如给我一只酸涩的柠檬，我要把它做成柠檬水。寓意积极乐观地面对逆境。

05 控制原则

机会创造与开发的驱动力来自创业者的主观能动性。创业者应少花精力预测那些难以预测的外生因素，而应专注如何控制好人为可控的因素。

又被称为"飞行员原则"

前进方向和航程在自己的掌控之中。寓意专注于可控的事件、合作者、资源等。

用 PIRT 创新方法论指导基于创新的创业

创业不讲方法论，无异于"裸奔于枪林弹雨"。我们开发了 PIRT 创新方法论，帮助大家设计一个基于创新的创业项目。

发现问题是一切的基础，缺乏主动发现不足的意识，或缺乏敏锐的观察力，创业就无从谈起。因此，本书第2章将通过各种启发工具，带领读者一起寻找未被充分满足的需求，洞见用户内心的声音，练就一双看到创业机会的慧眼。

P 发现问题
Problem Discovery

解决需求的方法并非聪明人的灵光乍现或者全靠拍脑袋想出来的主意，打造产品与服务可遵循一定的步骤与方法。本书第3章将从创意诞生开始，带领读者一起找到价值创新点，做一个有灵魂的产品与服务。本书第4章帮助读者设计出独特的价值创造系统。

I 创新方法
Innovating Method

成功地实施一项创业尝试，也需要学会开拓资源、创造性地利用资源，不要因为暂时性的困难而却步。本书第5章是确保创业成功的重要环节，将带领读者学会为创业创造条件。

R 创新条件
Resource Accessing

PIRT 创新方法论

创业，是为了创造价值让世界变得更美好。本书根据"发掘需求—创造价值"的内在逻辑，提出 PIRT 创新方法论，读者跟着本书一步步走，便能完成一个基于创新的创业项目，并在此过程中体会，创业思维是如何被启发的，创业想法是如何实现的。

本书第6至8章是关于如何把解决方案完整、有逻辑地呈现，并进行测试与改进，最终完成"价值传递—价值获取"的全过程。

T 验证执行
Testing&Executing

第1章 开启你的创业之门

应用练习

你准备好开启创业的旅程了吗

我们消除了对"创业"的误解，有了全新的认知。 选择创业的人生道路，更应关注社会问题、主动创新和领先行动。真正的创业者把创业当作自己实现人生价值的一种方式。选择了创业就是选择了面对更多困难、迎接更多挑战，而创业精神就体现在战胜困难与挑战的过程中。能够经过九死一生创业而成功的创业者，具备无所畏惧的心态和强烈的社会责任感，在反复的挑战中，创业者磨炼了心智和品格。也许你心里已经默默燃起了一团想要创业的小火苗，但你肯定还有很多问题和疑惑，现在我们试着来破解一下吧！

创业小白实操手册

你关于人生的事业梦想是什么？	你将选择哪种创业方式？	我没钱没资源怎么办？	我没钱投入怎么办？	我害怕创业风险很高怎么办？	我课很多，课外时间很少怎么办？	我对技术研发/营销推广/团队管理不是很擅长怎么办？
	◆ 当个创客 ◆ 在自己的岗位上创业 ◆ 加入一个创业团队 ◆ 自己牵头带领创业团队进行自主创业	老师的建议： 　不必等待最佳机遇或最佳资源，从手边可用资源开始，马上可以行动	老师的建议： 　学会借力，用很小的成本开始行动	老师的建议： 　想办法将风险控制在自己能承担的范围内	老师的建议： 　资源都是稀缺的，包括时间和精力，把有限的资源投入到有价值的事情上	老师的建议： 　提升自己，挖掘自己的潜能；建立团队，寻找更多的支持
		你的具体破解办法：	你的具体破解办法：	你的具体破解办法：	你的具体破解办法：	你的具体破解办法：

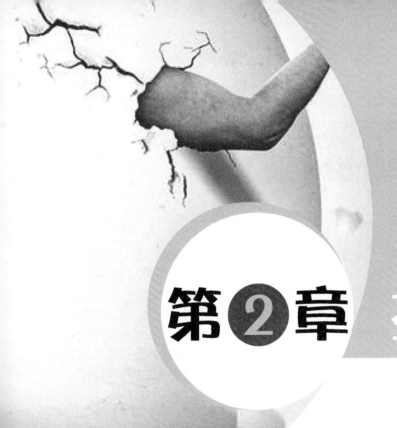

第2章 探索创业的机会

2.1 哪里是风口：趋势的观察分析

李子柒 —— 输出中华文化，打造个人品牌

李子柒是家喻户晓的美食博主，超级"网红"。其YouTube 粉丝630万左右，微博粉丝超过2000万，抖音和今日头条粉丝2928.5万，全网粉丝超5000万，单个视频播放量达到2.5亿，视频累计播放量超过80亿，其个人的YouTube订阅量更让人望尘莫及。2019年"双十一"当天，同名品牌店铺总成交额突破8000万元，创历史新高。除了这些，她还有很多其他的光环，如成都非物质文化遗产推广大使、东方美食生活家等。

李子柒自2016年开始制作古风类美食短视频，并上传网络，自己种菜、做菜、种花、做传统手工艺。她从零开始学习拍片、剪辑。每一个镜头的位置角度，都经过她本人一次次的调整。2017年起，李子柒开始被大众熟知，其作品《面包窑》发布，微博单平台播放量超过1亿，点赞数超100万，全网播放量近两亿。李子柒原创视频在海外运营仅短短3个月时间就迅速斩获了YouTube银牌奖，目前粉丝数破630万，被国外网友称为"来自东方的神秘力量"。《汉妆》《面包窑》《芋头饭》等作品在Facebook获得了数百万的播放量，她凭借独特的东方气质和古香古色的生活收获大批海外粉丝。当然，后期李子柒不再是田园牧歌式的纯粹展示，而是突破瓶颈，在传统和现代中寻求创新，发现日常生活的亮点。这是自媒体发展的必然，同时也考虑到了公司和受众需求。其个人品牌"李子柒"在2018年农历七月七正式推出，2019年"双十一"，"李子柒"品牌天猫旗舰店5分钟即突破上年"双十一"全天销量，活动总销售额达8000万元。其中，"桂花坚果藕粉"成为天猫食品冲饮类目第一个破千万销售额的爆品。此外，其他诸如螺蛳粉、海鸭蛋黄酱、朵朵香菇酱等爆款，以及柒彩豆浆粉、剁椒酱等新品都销量喜人，"李子柒"品牌"双十一"完美收官。

迄今为止，"李子柒"品牌已与"故宫食品"合作打造宫廷苏造酱，与"国家宝藏"合作推出联名月饼，与"王星记"合作打造非遗折扇，与"毕六福"合作打造非遗雨伞，给传统文化注入新活力，创造了与当代消费需求相契合的产品。

2019年12月10日，央视新闻发布文章《热评 | 我也蛮自豪，因为我就是李子柒作品背景里的一个点》，评论了"网红"美食博主李子柒的视频为何能火遍全球。

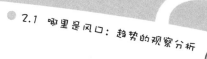

文章说"李子柒是谁？在我看来，她就是余光中，她就是'料理鼠王'，拍得出'乡愁'，做得出'妈妈的味道'……"

短视频行业呈爆发式增长，腾讯、百度、阿里、头条等巨头纷纷重资入局，争夺用户时间。微博、抖音、快手日活跃用户数量屡创新高，众多"网红"频频在短视频领域挖到第一桶金。同时，短视频"网红"的打造也从拼颜值逐步过渡到拼内容、拼IP价值的升级阶段。

得益于4G和移动终端的普及，短视频已经从一种影像传播的形态，逐步转变为一种生活方式。而伴随着5G时代的到来，短视频行业商业机会越来越多，传统视频巨头会投入更多资源到该领域，行业竞争也会更加剧烈。直播主播数量也呈爆发式增长，其中电商巨头淘宝也在2016年开始涉足直播售货，旗下超一线主播李佳琦、薇娅一次直播往往能吸引上千万人观看。主播李佳琦已年收入过千万，2019年"双十一"当天在线观看人数超3800万人，当天交易额超10亿元。

知识介绍

什么是风口

"风口"本意是指通风的口子，或者山岭顶部的凹口。如今新闻界、创投界到处都在说"风口"，雷军说："站在风口上，猪都可以飞上天"，成了被广泛引用的创业金句。风口是什么，你真的清楚吗？

通俗地讲，风口是指这样一部分产业或领域，因为国家政策的支持、顺应了社会发展的潮流或拥有巨大的盈利潜力，而获得了一个高速发展的机会。在这个基础上，我们说"站上风口"，是指一个企业的发展是顺势而为的。风口企业受投资者青睐，主要有以下几个方面的原因：第一，风口企业因为借势而为，往往发展迅速，企业规模和营业利润能够在较短时间内实现增幅；第二，尤其在我国，投资者总是喜欢热门题材的投资标的，因此位于风口的企业，往往有更多"故事"可讲；第三，在金融领域，判断一个企业的价值往往不在于其目前的情况怎样，而是看投资者的预期，这也是京东估值一年比一年高的原因；第四，政府要扶持，那总没错——某些项目，既然政府已经言明要大力发展了，并且出台了许多实质性的政策予以支持（如高科技企业等），那么看好这一类企业，也是无可厚非的。

当然，雷军还有一句话："长出一个小翅膀，就能飞得更高"。纵观这些年不断涌现出的创业风口，无论是共享单车还是无人超市，踩在风口上的企业不在少数，然而能够活下来的则屈指可数。归根结底，站在风口上固然重要，但是能否靠自己长出一双小翅膀才是能否取得成功的关键。风口是有一个时间段限制的，在风口期，你如果能够趁势而飞，并且修炼出一身强大内功，那么风停时，你的地位便无可撼动。反之，因为沉浸于风口所带来的各种便利，企业规模虽然在扩大，但基本面（产品质量、财务状况等）却一塌糊涂，那么飞得越高，摔得越惨。

因此，我们既要学会选择方向、顺势而为，也要用心打造核心竞争力，自己也能展翅翱翔。

"风口论"已是眼下热门词选，充满浪漫与奇幻色彩，"互联物+"带来的风口不断涌现，然而更重要的是如何选择、聚焦和坚持，以及如何与别人合作。来听听创业大佬们怎么说：

腾讯马化腾："这么多家都看到风口，全部往那儿挤，还在排队。我们往那儿挤，我不是想在风口上起飞，而是给这个风口搭一个梯子，或者卖降落伞，防止大家上去下不来，或者卖望远镜。"

百度李彦宏："风口上猪都会飞，充满了投机思维，如果大家都用这种思考方式，是比较危险的。15年来，我时时刻刻处在风口当中，吹得难受。"

联想杨元庆："联想还是刚刚出生的婴儿，一个小生命，我们不是往风口去钻，我们要做的事情是好好地长好翅膀变成雄鹰，等到风来了，我们能够展翅高飞。"

分析工具

PEST模型：分析趋势找准风口

我们如何才能找到风口，选对具有广阔的发展前景和强大的生命力的方向呢？PEST模型从政策、经济、社会、技术四个方面给我们启发。

政治 Politics

改革开放以来，我国市场经济处于逐步完善的过程之中，政策导向对企业发展仍然具有至关重要的作用。有些政策法规的出台会给市场带来一些新的创业机会，而有一些政策法规则会限制整个行业的发展，促进其重新改革，例如，国家对企业环保的重视，势必会对重工业产业的相关企业造成影响。

经济 Economic

经济环境包括社会经济条件和国家经济情况，受到消费者的收入水平、消费者支出模式和消费结构、消费者储蓄和信贷、经济发展水平、经济体制地区和行业发展状况、城市化程度等多种因素的影响。市场规模的大小，不仅取决于人口数量，而且取决于有效的购买力。而购买力的大小要受到经济环境中各种因素的综合影响。

PEST 分析法

创业是一种社会活动，任何行业也必须在一定的社会环境中生存和发展，必须考虑社会的发展需要。而紧跟社会热点、社会发展方向，选择一个有发展前景的行业无疑是初创者最好的选择。而如果选择没多少发展前途，或者社会需要已经达到巅峰，甚至是已经被社会慢慢抛弃的行业，是没有多少创业价值的。

科学技术是推动现代生产力发展的重要因素和重要力量，一次科技的大变革往往给社会带来翻天覆地的变化，创造众多新兴产业，也必将淘汰某些落后的产业。例如，无人机的出现给农产品喷药工作带来新的改变，以往的人工喷洒将渐渐式微。紧紧追随着科技的发展，从新产业中找寻合适的机会，结合自身兴趣和专业，总是能找到发展的方向。

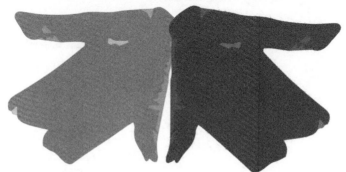

社会 Society

技术 Technology

第2章 探索创业的机会

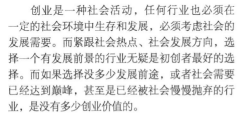

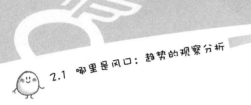
创业小白实操手册

政策方面：以中国制造为例

　　《中国制造2025》是由国务院于2015年5月印发的部署全面推进实施制造强国的战略文件，是中国实施制造强国战略第一个十年的行动纲领。其中明确了包括新一代信息技术产业、高档数控机床和机器人、航空航天装备、海洋工程装备及高技术船舶、先进轨道交通装备、节能与新能源汽车、电力装备、农机装备、新材料、生物医药及高性能医疗器械等10个重点领域。这10个领域将是未来10年发展的重点，国家必将推出相应的扶持计划。例如，2018年工业和信息化部发布了关于印发《促进新一代人工智能产业发展三年行动计划（2018-2020年）》的通知，通知中详细阐述了为抓住历史机遇，突破重点领域，促进人工智能产业发展，提升制造业智能化水平，推动人工智能和实体经济深度融合，如右图所示。

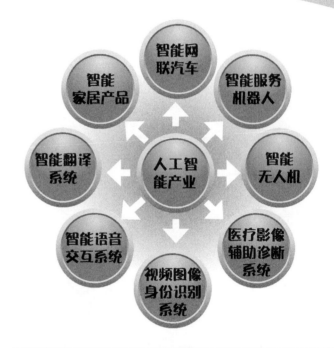

经济方面：以农村消费增长为例

　　我国居民消费力水平逐年上涨，而其中近年来城乡消费水平比由原本的5下降到了3.1，农村的消费力水平正在和城市拉近距离，农村有庞大的人口基数，可见农村消费力体量庞大。而拼多多正是由于主要服务农村较低收入人群，成立三年内便收获3亿活跃用户，并在2018年成功于纳斯达克上市。

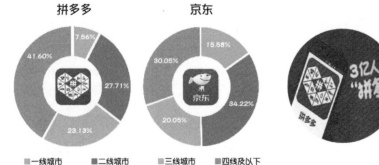

拼多多

京东

7.56%
41.60%
27.71%
23.13%

15.58%
30.05%
34.22%
20.05%

■ 一线城市　■ 二线城市　■ 三线城市　■ 四线及以下

社会方面：以消费升级为例

随着居民可支配收入的攀升和数字化带来的消费推动力，我们正迎来一个消费全面升级的新时代。80后、90后逐渐成为主力消费人群，相较于他们的上一代，他们更愿意去尝试一些新的产品。这就是消费升级带来的机会。我们正在经历的第四次消费升级历程有几大特点：

运动潮流装备交易，球鞋潮牌鉴别，互动图片社区，"得物"APP

二是购物社交化，越分享，越冲动，越爱购。购物已然成为社交生活的副产品，数字时代社交以及分享的便利，使得消费呈现出"购买-分享-再购买"的循环式连锁反应。其中年轻和高收入群体作为线上社交的活跃群体，成为"社交购物"的领跑者。兴趣圈正成为消费的新推手，其中以美食、旅游、运动健身等最为普遍，兴趣圈子对消费者的购买产生极为可观的影响力，消费者更愿意相信和购买兴趣圈中推荐的产品，哪怕价格偏高也往往接受。

对线下超市完全重构的新零售业态"盒马鲜生"

一是线上线下两头买，二者逐渐形成一种平衡，从对立走向结合。网购持续发展的同时，实体店也逐渐完善。线上购物主打方便快捷，实体店消费则强调餐饮/购物/休闲/娱乐一体化的无缝综合体验，甚至从某种程度上讲，消费者对"逛"式体验的追求、对休闲与社交的需求都进一步推动着线下消费的迅速回暖。

像真的坐直升机去澳大利亚购物的体验"淘宝VR购物Buy+"

第2章 探索创业的机会

三是消费者正在从商品消费转向体验消费，购物购买的不仅仅是商品，更是购买了一种体验。售前的商家信息推送、售中的服务体验、售后的维修护理等，形成了购物体验的全过程，任何一个环节的不足都可能令一次购买体验得到差评。消费者在向"智能购物"迈进，他们希望对某个场景中一见倾心的产品直接下单，或者根据视频或照片找到相关的商品信息并一键购买，甚至希望通过AR/VR设备来提前体验计划购买的商品。

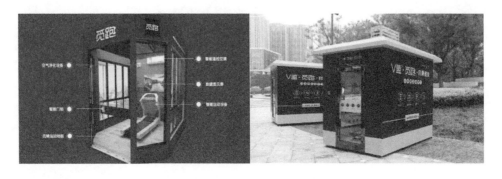

无人值守 24小时共享"智能健身仓"

　　四是共享经济变成刚需，收入的增加和消费的便利增加了冲动消费，也带来了闲置物品的增多，越来越多的消费者希望物品可以更有价值地被使用，通过共享可以使社会资源得到更合理的利用，共享单车或者滴滴、优步等专车/快车服务成为高频消费，消费者同样期待在图书/音像、体育用品、厨房用品、数码产品等相关领域实现共享服务。

技术方面：以"互联网+"为例

互联网技术已经改变了工作生活的方方面面。"互联网+"就是"互联网+各个传统行业"，但这并不是简单的两者相加，而是利用信息通信技术以及互联网平台，让互联网与传统行业进行深度融合，创造新的发展生态。如我们熟悉的互联网+外卖，催生了饿了么、美团外卖，极大地满足了人们足不出户吃遍八大菜系的要求；互联网+金融促进了微信钱包的发展，以及京东白条，支付宝花呗等的运用；互联网+教育，各种线上教育如雨后春笋般冒出，如学而思网、美术宝1对1、斑马英语等，都是实时互动式的在线教学。

接下来需要关注的是5G、云计算、区块链、人工智能、物联网等新技术，以及新技术的叠加应用对各行各业的影响。技术创新是创新，但把新技术创新性地应用在不同的场景，也是一种极为创造价值的创新。

应用练习

新技术与这些行业、情景的碰撞会产生什么新需求？连连看

文创设计

一日三餐

穿衣打扮

买菜做饭

居住、装修

共享出行

线上购物

美容护肤

线下购物

早期教育

创业服务

成人教育

养老服务

知识分享

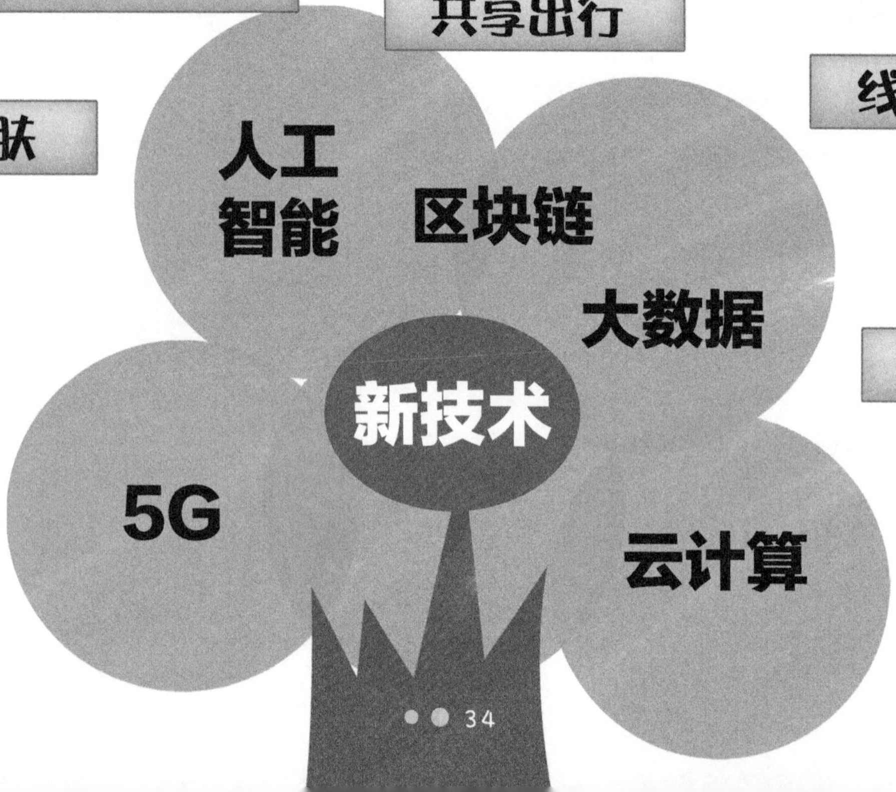
人工智能
区块链
大数据
新技术
5G
云计算

有温度的创业

2.2 用爱重新认识这个世界

夕阳再晨 —— 全国最大的青年社区服务公益组织

在第五届中国"互联网+"大学生创新创业大赛上,北京邮电大学张佳鑫带领的"夕阳再晨"——全国最大的青年社区服务公益组织在青年红色之旅赛道上取得重大突破,获得金奖。

2008年,18岁的张佳鑫考上北京邮电大学,刚进入大学就报名参加了学校的阳光志愿者协会,成为一名志愿者。2011年5月,张佳鑫在宿舍楼下发现一张希望工程的宣传海报"寻找改变世界的种子",一直都在参与和关注志愿服务的他突然想到一个场景,每当和远在陕西的姥姥视频时,老人经常因为弄不好摄像头、看不到外孙而急得满头是汗。此时,张佳鑫有了要帮老年人们跨过数字鸿沟的想法。他马上召集了13个小伙伴成立"夕阳再晨"公益团队,"灵感的迸发只要一瞬,而灵感的践行却要经历种种艰辛"张佳鑫回忆道。从服务一个社区到服务四个社区,大家对"夕阳再晨"的服务方式和内容逐渐认可,加入团队的志愿者不断增加。

张佳鑫决定用青春守护夕阳,创立了"夕阳再晨"公益助老品牌,带领志愿团队走入社区,"一对一、一帮一"个性化教学,帮助老人学会手机上网聊天、挂号、电子支付、拍摄小视频等新技能,帮助老人快速融入信息化时代。 在张佳鑫的带动下,北京、上海、广东、陕西、江苏、河南、四川、湖南等19个省市的100余所高校志愿者加入到科技助老公益活动中,累计参与志愿者人数超过10万人次,覆盖全国500余个社区,帮助老人达到100万人次。

"我的目标是带领团队成为全国最大的青年社区服务公益组织,希望能够带动更多的年轻人,参与到社区服务和治理中来。"张佳鑫计划,下一步针对不同的项目,研发出更多个性化教学课程和管理体系,一起改变社区居民的生活,让老年人的生活更幸福。

夕阳再晨秉承"让青春陪伴夕阳、让夕阳焕发青春"的宗旨,通过自主研发的

第2章 探索创业的机会

专业志愿服务孵化体系、教学体系和管理体系组织青年志愿者进入社区，常年开展"科技助老""文化乐老""传承学老"，开创出一套全链条、全流程、全生态的超大规模社区志愿服务体系——将我国最大规模的青年志愿服务力量引入志愿服务需求最旺盛的社区，服务需求最强烈的老年群体。

项目解决了"如何将海量的青年志愿者带入社区、服务老年人"的时代课题，帮助老年人回归家庭、回归社会、回归时代，得到党和国家领导人及社会各界的高度认可，以及人民日报、新闻联播、焦点访谈等全国所有主流媒体的上千万条报道。

科技向善 —— 腾讯"99公益日"

为了实现"人人可公益"这一目标，腾讯公益一直在努力探索。2019年，腾讯"99公益日"总共募得善款达到了24.9亿元，相比2018年的14.14亿元，增长了76%。爱心网友通过腾讯公益平台捐款达到4800万人次，捐出善款17.83亿元，超过2500家企业配捐3.07亿元，腾讯公益慈善基金会提供约4亿元配捐。腾讯公益主办的"99公益日"活动一直坚持"理性公益，科技向善"的理念。

移动互联网所带来的指尖公益，不仅意味着从项目推送、捐赠、进展反馈在手机上成为闭环，也意味着我们通过社交网络、朋友圈将朋友与圈子连接，将公益的影响力成倍放大。

"99公益日"还在继续创新"行为公益"的种类，让公益变得更有趣。例如，"爱心接龙""团队捐步""捐微笑"等创新形式，不断丰富情感交流与代入方式，让公益慈善理念在用户心中扎根。"科技向善"不应该只是科技互联网公司所遵从的规范，而应该普及到全社会。正如陈一丹所展望的"涓涓细水，汇成公益的大海；任潮起潮落，细水总长流。"

知识介绍

什么是社会创业

社会创业（Social Entrepreneurship）指以解决社会问题为导向，通过创新性、持续性的商业创业模式实现社会价值。

经济发展给社会创造了大量财富的同时，也给社会的持续发展带来了问题，如环境污染、气候变暖、贫富分化等。人们开始发现，诸多的社会问题，仅仅依赖于商业创业的成功，是难以有效解决的，于是人们开始探索基于解决社会问题的创新商业模式。因此，在推进发展商业创业的同时，相应的社会创业必不可少。尤其在经济欠发达的发展中国家，在社会福利体系不完善的情况下，社会问题会显得更加严峻，社会迫切需要通过各种创新的模式来填补市场空缺，这些为社会创业的发展提供了大量空间与社会创业机会。

社会创业一词由阿苏迦基金会(Ashoka)的创始人德雷顿(William Drayton)在20世纪80年代提出，并于20世纪90年代在全球范围内兴起。社会创业作为一种新的创业形式，首先在公共服务领域被发现，并逐渐超越民间非营利组织的范畴，成长为一种不同于商业创业和非营利性组织的混合商业模式，其本质是为了创造价值和整个社会的进步，被认为是一种解决社会问题的社会创新模式。而社会创业者（Social Entrepreneur）是以服务社会为使命，发现商业机会，以创新的商业力量解决社会问题，帮扶弱势群体和改善社会发展的企业家。

社会性

社会创业以解决社会问题为导向，直面没有被解决的社会问题或社会需求，这是其区别于商业创业的显著特征。

价值性

社会创业也需要借助市场的力量来确保产品或服务的有效提供，社会创业资本更具市场与社会价值性。

创新性

社会创业所面对的社会问题具有紧迫性、棘手性、社会危害性等特点，在解决问题时需要具有比一般商业创业更强的创新性。

社会企业

【小案例】Change Please:一杯改变命运的咖啡

英国The Big Issue杂志是一份由街头流浪汉来进行售卖的杂志，它帮助不少流浪汉自力更生，并用实际行动帮助他们获得体面的生活。如今纸质读物衰落，The Big Issue看准了人们对咖啡的热爱这一巨大的市场，联手餐饮企业 Old Spike Roastery一起创办社会企业"Change Please"，把流浪汉培训成咖啡师，告别流浪汉身份，让他们有体面的工作和收入。

第2章 探索创业的机会

我们用两个图来说明社会企业与我们熟知的商业组织、慈善机构的区别。社会企业家（Social Entrepreneur）就是以服务社会为使命，发现商业机会，以创新的商业力量解决社会问题，帮扶弱势群体和改善社会发展的企业家。

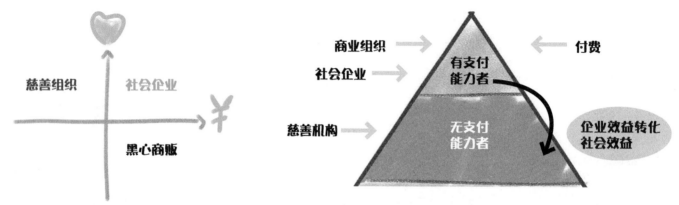

我国社会企业主要领域	代表项目
弱势群体就业	残友集团、阿坝州妇女羌绣就业帮扶中心
消除贫困	上海乐创益公平贸易发展中心、仪陇县乡村发展协会
推动社区发展	上海浦东新区罗山市民会馆、"自然之友"自然体验营
教育促进	"多背一公斤"公益旅游、南都公益基金会—新公民学校项目
社会服务	天津市鹤童老年公益基金会、北京太阳村特殊儿童救助研究中心
合作经济	农民专业合作组织示范项目

应用练习

你能成为社会企业家吗

我们列出了一些常见的社会问题进行启发，请你选择其中一个方向，创办一个既能解决问题又能赚钱的社会企业，把你的想法写下来。

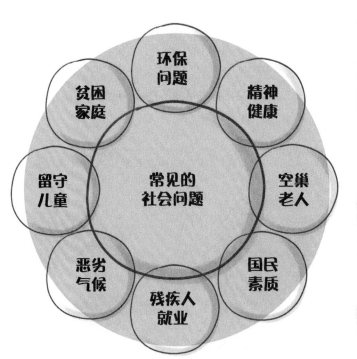

你要解决的社会问题是什么？	
你要帮助的群体是谁？	
你怎样帮助他们？	
你的项目名称是什么？	
你的企业收益来自哪里？	
你觉得这个项目的创新之处在于？	

第2章 探索创业的机会

知识介绍

2.3 找出未被充分满足的需求

需求和痛点

需求与痛点分析：创新创业项目的起点

任何产品的存在必须要有坚实的市场基础。需求确实存在，用户愿意买单，是创新创业项目可以起步的最重要依据。

需求，指用户具有愿意通过付费来解决问题的渴望。

痛点，指未被满足的需求。当用户在使用产品或服务的时候抱怨，让人感到不满或痛苦的环节就是痛点。

例如，当手机成为人们时刻不离手的"伙伴"后，手机电量不足便成了普遍的痛点。一个痛点，在不同的场景下有很多种解决方案。

体积小，容量大
SMALL SIZE, LARGE CAPACITY

充电5分钟，通话2小时。

迷你充电宝　　　　　　闪充

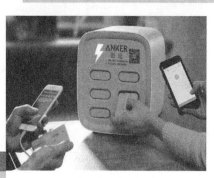

共享充电宝

无线充电器

创业小白实操手册

分析工具

需求的分类

群体大小

发生频率低 & 涉及人群广

不频繁发生，但也是客户刚需的业务。特点是复购率低，客单价相对较高，中小企业生存空间较大。

例如：
线下培训（早期素质教育、成人教育）
在线教育（知乎、混沌大学）
婚庆装修（线下商家居多）
珠宝购买（线下商家居多）

发生频率高 & 涉及人群广

多为刚需，"兵家必争之地"，通常只有大型企业是赢家。

例如：
一日三餐（大众点评、美团、饿了么）
日常购物（京东、淘宝、当当、拼多多）
出行旅行（滴滴出行、去哪儿网）
社交通信（微信、QQ）
娱乐影音（抖音、快手、喜马拉雅、优酷视频）
日常生活（每日都要接触到的各个场景和产品）

发生频率低 & 涉及人群窄

特定人群偶尔发生的需求，除非客单价较高，或者具有独特价值或技能，否则不建议进入。

例如：
小众的服装、文具、装饰品购买
古董交易

发生频率高 & 涉及人群窄

涉及特定人群的刚需细分市场，其实规模也不小。

例如：
一日三餐（下厨房、叮咚买菜）
特殊购物（考拉海购、返券网、寺库奢侈品）
社交通信（探探、陌陌、小红书）
日常生活（特定人群每日都要接触到的各个场景）
特殊需求（深度水解奶粉、不含麸质食物）

发生频率

第 2 章

探索创业的机会

分析工具

从抵御恐惧到精神满足：痛点、痒点、爽点 —— 需求三重境

精神满足

爽点
（兴奋需求）

爽点：用户的精神满足。例如，愉悦的体验、需求的即时满足等。

拍照 APP，拍完后自动十级美颜照片，让你更有自信

给游戏充值后战斗力大幅上升，迅速称霸全场

想买的东西半小时内就出现在你家门口

痒点
（期望需求）

痒点：潜在需求，多为感性需求，本质上是满足了用户的虚拟自我。
这个"痒"是用户心中的"欲"，不一定非得需要，也不是用户急需解决的问题。

买个在线健身课程，幻想不久将练出教练般的身材

（曾经）大家都买苹果手机，显得有社会地位

买碧桂园，因为它"给你一个五星级的家"

痛点
（基本需求）

痛点：用户未被满足的需求，且这个需求对于客户来说很重要（往往是刚需）。
刚需：在商品供求关系中受价格影响较小的需求，价格变化对需求的影响不大，再贵也要买。

担心上班迟到需要出租车、滴滴快车或共享单车

饥肠辘辘时需要快速便捷地解决吃饭问题

手机电量不足，需要快充插头或充电宝解决

满足人际交往要求，必须有手机和通信软件

抵御恐惧

创业小白实操手册

分析工具

从需求层次找需求

使用扩展版的马斯洛模型来分析人的需求，每一层都有对应的需求与解决方案。

想一想：还有更多解决方案吗？

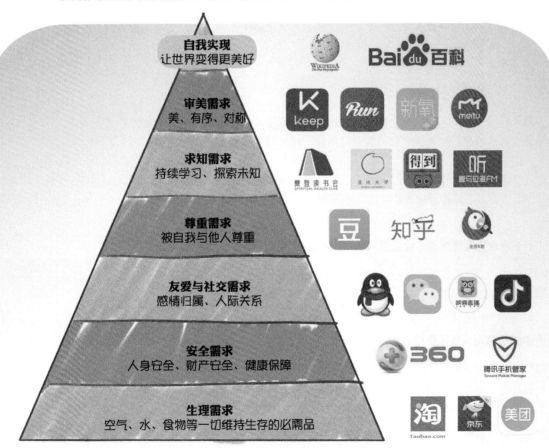

自我实现
让世界变得更美好

审美需求
美、有序、对称

求知需求
持续学习、探索未知

尊重需求
被自我与他人尊重

友爱与社交需求
感情归属、人际关系

安全需求
人身安全、财产安全、健康保障

生理需求
空气、水、食物等一切维持生存的必需品

每一个层次的需求，是否已经被充分满足？

是否存在某些特定人群或特定的需求，还未被一般化的解决方案满足？例如，如果微信能解决一切社交问题，那为何还会有抖音、陌陌、探探和钉钉？如果淘宝能买到一切，为何还会有拼多多？

每一种解决方案中，是否存在不尽如人意的地方？

是否有些项目，服务对象已经偏老龄化，未能满足年轻人（90后和00后）的需求？

各类弱势群体（老幼病残孕），他们的需求是否都已经关照到了？

如果考虑设计一个新的服务，新方案和已有方案的差别在哪里？

目前的服务，能否做得更细分，或者找到其他平行的细分领域？

第 2 章

探索创业的机会

分析工具

辨别真痛点、伪痛点

什么叫伪痛点？

伪痛点指创业者陷入自己设定的"陷阱"里，自认为这个痛点很重要、很紧急，必须要快速解决。事实上，如果消费者没有意愿"买单"，那就变成了创业者无意义的"自嗨"。

辨别真伪痛点的两个要点：

第一，客户是否足够"痛"，以至于是否愿意付费来解决这个问题？免费的好处人人都想要，抛开价格谈服务是毫无意义的。

第二，是否细分了人群？不要将所有人当作目标人群，先针对愿意付费的少量群体，然后再逐步放大。

某创业者打算做小龙虾外卖，通过调研，他发现客户经常抱怨龙虾洗得不够干净，于是他决心要做干净的小龙虾外卖。他亲自去洞庭湖选价格贵一倍的高品质虾，还处理得干干净净。结果，他做了不到半年便赔了15万多元，倒闭了。

思考：不干净也许是真痛点，但是否所有客户都愿意为了"干净"而付出两倍价格？

快书包，2010年6月在北京成立，推出全新的"一小时到货"服务，以媲美大型网店的优惠价格，为消费者提供精挑细选的热门商品（主要是畅销书），运费全免。2015年初，快书包确认已经"烧光"了融资来的2000万元，项目失败了。

思考：买书需要一小时到货吗？快书包选中的是真痛点还是伪痛点？

某大型网约车出行平台，推出顺风车业务。该顺风车的广告以"10分钟换一辈子""我们约会吧"作为主打广告语，引导顺风车乘客和司机想象可能会发生一点浪漫轶事。与出行业务贴上交友标签不同，另一个大型网约车平台的广告语是"除了安全，什么都不会发生"，所有措施指向司机和乘客的隐私保护与安全。

思考：交友与安全，哪一个才是用户的真痛点？

创业小白实操手册

分析工具

从自己身上找未被满足的需求 —— 痛点

必做练习

生活中到处都是未被满足的需求，也就是痛点。先从自身开始寻找。一天24小时、春夏秋冬都可以作为思考主线，用于梳理痛点。以下仅作举例，每人可以写出和自己有关的痛点。

从头到脚

从头到脚	脱发、染发…
面部	眼镜、鼻贴…
躯干	肚腩、瘦身…
手	手汗、护手…
腿	丝袜、瘦腿…
脚	脚汗、泡脚…

一天24小时

0am-7am	熬夜、失眠、起不了床…
7am-12am	学习安排、时间分配…
12am-2pm	午餐选择、休闲娱乐…
2pm-6pm	午后困倦、体育活动…
6pm-10pm	在线学习、社交恋爱…
10pm-0am	宿舍交流、个性思考…

第 2 章 探索创业的机会

应用练习

发掘更多在不同场景下未被满足的需求

生活中的场景介绍（按场景分类，为精准找痛点作铺垫）

Who+When+Where+What+How
人　时间　地点　事情　方式

每组同学抽取一张场景卡，根据场景卡列出用户可能出现的需求和痛点。

完成的小组可以再抽取一张场景卡，在限定时间内完成场景卡任务最多、最好的小组可获得加分。

创业小白实操手册

2.4 洞见用户内心的声音

海盗船CT机—给儿童带来全新就医体验

对于很多生病需要做检查的孩子来说，CT机的外形会令他们感到恐惧。很多小孩不断哭闹无法配合，导致检查无法正常进行，医生、家长为此都感到非常头疼。因为儿童对陌生事物的恐惧感是与生俱来的，在他们看来，CT机这种伴随着病痛而来的神秘机器，给予他们的是未知的恐慌。

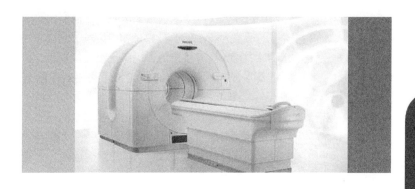

CT机的发明者道格·迪兹(Doug Dietz)在医院观察机器的实际使用时，看到了让他吃惊的一幕：一个接受检查的小女孩被吓哭了。他沮丧地发现，这种情况非常普遍，医院近80%的儿科患者需要服用镇静剂才能做核磁共振。这让道格备受打击。医院为此也感到十分的头疼，他们要花大量的人力物力去解决儿童不配合检查的问题。常用的服用镇静剂的方法会给儿童带来很多不良的影响。

道格·迪兹为美国纽约摩根士丹利儿童医院重新设计了儿童CT机扫描检查的全部体验。他把核磁共振检查变成了孩子们的冒险历程：CT室的墙壁上也一改往日的风格，上面印有卡通图案，例如，一只身穿海盗服的小猴子正在快乐地拉着绳索，还有一只戴着眼罩的独眼老虎正在四处张望，海盗城堡上插着的旗帜正在迎风飘扬，飞舞的海鸥和漂亮的椰子树更为整个CT室增添了一股

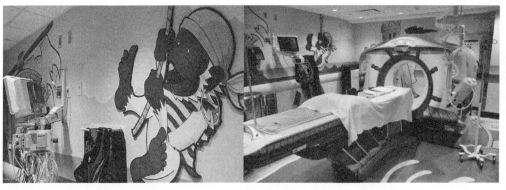

大海的气息。最吸引人的是，CT机上印着一个大大的船舱，这让小患者们有一种即将扬帆起航的感觉。他还请专人对医务人员重新培训，让他们用孩子能听懂的语言为孩子们解释噪音和检查舱的运行，并配合设计的场景指导检查流程。孩子接受检查时，首先会踩着木板进入"海盗岛"，然后慢慢躺在船型检查床上，在孩子进入CT机时，医护人员会对孩子说："好了，你现在要潜入这艘海盗船，别乱动，不然海盗会发现你的"。被大多数大人视为幼稚的情景设计，对孩子来说却非常适用。几乎8成的儿童患者会主动选择海盗船CT。最为戏剧化的结果是，一个做完检查的小女孩对她的妈妈说："妈妈，我们明天还能来吗？"

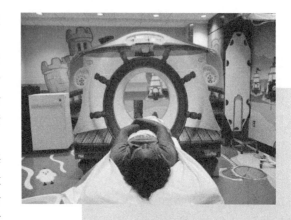

结果表明，卡通主题的CT室让检查效率更高了，需要服用镇静剂的孩子从80%降到了10%，医院不用一直找麻醉师了，每天可以做的检查数量增加了，贵重的医疗机器得到了轻松而高效的利用。

对孩子们来说，严肃、恐怖的医疗检查过程仿佛变成一场童话冒险游戏，整个环境能有效地缓解他们紧张压抑的情绪，使他们以更为主动和愉快的心态积极配合医疗检查程序。

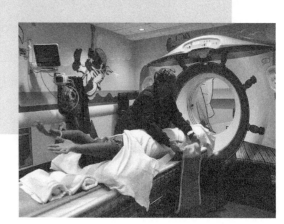

知识介绍

5WHY分析法

5WHY分析法，又称"5问法"，也就是对一个问题点连续以5个"为什么"来自问，以追究其根本原因。这种方法最初是由日本发明家丰田佐吉提出的，后来丰田汽车公司在完善其制造方法的过程中也采用了这一方法。

虽然被称为5WHY分析法，但使用时不限定只做5次"为什么"的探讨，使用该方法的目的主要是找到根本原因，有时可能只要3次，有时也许要10次。5WHY分析法的关键在于：鼓励解决问题的人要努力避开主观或自负的假设和逻辑陷阱，从结果着手，沿着因果关系链条，顺藤摸瓜，直至找出原有问题的根本原因。

为什么机器停了？	问题一	因为机器超负荷，保险丝熔断了。
为什么机器会超载？	问题二	因为轴承的润滑度不够。
为什么轴承润滑不足？	问题三	因为润滑泵失灵了，吸不上油。
为什么润滑泵会失灵？	问题四	因为油泵轴磨损，松动了。
为什么油泵轴会磨损？	问题五	因为没有安装过滤器，混进了铁屑。

反复追问上述5个"为什么"，就会发现需要安装过滤器。而如果"为什么"没有问到底，换上保险丝或者换上油泵轴就了事，那么，几个月以后就会再次发生同样的故障。

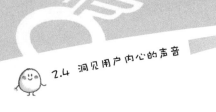

当你听到很多人都说想减肥时，我们可以借鉴5WHY分析法进行洞察，挖掘用户的深层次需求。

用户表述	想减肥
表层需求	需要减肥产品或服务
深层需求	想成为一个身材完美的人
人际需求	想提升自己的魅力与吸引力
人性需求	虚荣心，得到尊重与欣赏

在同一种表象下，我们挖掘出的人性需求是不同的，例如，对想在社交网络中展示自己魅力的用户而言，我们提供一个照片与视频美化软件，可能比直接提供一套减肥计划更能满足用户需求；而对于想交往男友的用户而言，我们提供提升女性知性气质的服务，可能比直接提供一种减肥药更能满足用户需求。

同理心：设身处地、感同身受

同理心（Empathy）是一个心理学的概念，又称为"设身处地理解""感情移入""共情"等，即设身处地地对他人的情绪和情感的认知性觉知、把握与理解，主要体现在情绪自控、换位思考、倾听能力以及表达尊重等与情商相关的方面。

简而言之，同理心就是人们能够认同或理解另一个人的观点、经验或动机的能力。只有当人们真正能够感同身受，并理解当时的处境和想法后，在遇到同类情形的时候才能够洞察真相，透过现象看本质。

如何获得同理心

发现

通过阅读相关资料、与用户面对面等途径，研究用户的生活场景、过去经历等，发现用户的痛点。

沉浸

走进用户的生活，体验用户的生活，完全沉浸在用户的世界，从用户的角度去理解其思维和行为。

连接

找到与用户的共同经历，在与用户的交流中就某些问题产生共鸣，并产生连接。

分离

认知用户以后，走出用户的生活，重新理解和界定问题，并给出有效的解决方案。

【小案例】没有同理心的设计：Google Glass

Google于2013年推出了首款可穿戴产品Google Glass——一种头戴式可穿戴计算机。虽然在技术上令人印象深刻，但性能却不尽人意，这在很大程度上是因为它对用户缺乏同理心。

尽管Google Glass允许用户拍照、发送消息和查看其他信息（如天气和交通路线），但它并未满足用户的实际需求。换句话说，虽然Google Glass可以做很多事情，但这并不是你需要或想要完成的事情。另外，Google Glass是语音激活的设备，在我们当前的社交环境中，在街上大声说出命令，例如"Ok Glass，发送消息"，这会令人尴尬。如果用户为了使用你的产品而不得不做出一些令人尴尬或不可接受的行为，则可以确定，很少有人会愿意使用该产品。最后，Google Glass还配备了摄像头，这可能会侵犯Google Glass用户周围人们的隐私，因为无法知道他们是否正在拍摄。语音激活的行为会让社交变得尴尬，摄像头会给用户周围的人带来隐私问题，并且该设备似乎无法解决任何特定用户的需要。

所有这些问题都可以归结为Google在设计Glass时缺乏同理心，这一点在《麻省理工学院技术评论》上用一句话很好地总结了出来："没人能理解为什么想要在脸上戴那个东西来进行正常的社交。"

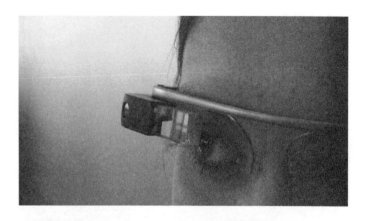

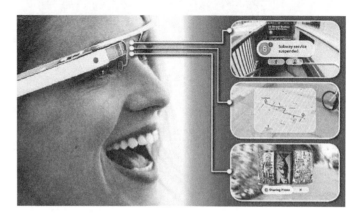

创业小白实操手册

知识介绍

了解用户的方法

我们首先要了解用户的信息和情况，才能更好地洞见用户内心的声音。从获取的信息内容来看有两类，一类是用户的行为状态，另一类是用户表达的观点和思想；从信息本身的特征来看有两类，一类是定性的信息，另一类是定量的信息。

怎么说表现了目标和观点，怎么做反映了行为，用户怎么说和怎么做经常是不一致的。两方面都很重要，如果不能全面了解用户，就没有办法探知背后深层次的原因，就不能从根本上解决问题。所以我们既要看用户怎么做，也要听用户怎么说。

定性研究可以找出原因，偏向于了解；而定量研究可以发现现象，偏向于实证。如果只进行定量研究，能看到问题，但不知道原因；如果只进行定性研究，可能会以偏概全，被部分样本的特殊情况带入歧途。人们认识新事物的过程，通常都是从定性到定量，再从定量到定性，并螺旋上升，了解和实证也是不断提升进化的。

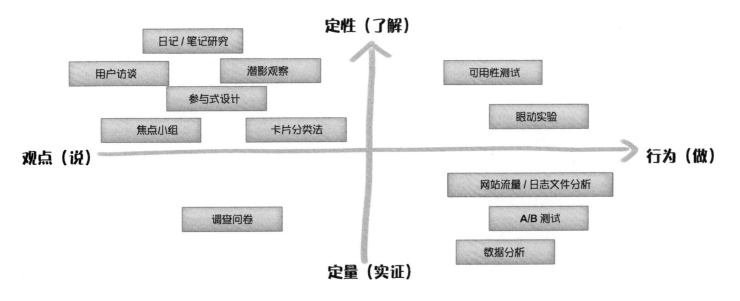

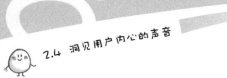

第一象限（行为+定性）：

可用性测试：观察代表性用户对产品进行操作的感受和体验，从而评估产品的可用性，并进行改进。

眼动实验：通过视线追踪技术，监测用户在看特定目标时的眼睛运动和注视方向，从而探知用户的心理活动。

第二象限（观点+定性）：

用户访谈：面对面地与受访者交流感受、体验与个体经历等，获取用户关于生活、经验或情景的观点。

日记/笔记研究法：让用户用自己的语言描述内在及外在的体验，从而身临其境地了解用户体验。

参与式设计：邀请用户一起定义问题、定位产品，在产品开发过程中参与设计。

焦点小组：邀请6-9个受访者组成小组，对拟定的特定话题展开深入交流对话，把小组作为一个分析单元进行整体研究。

卡片分类法：让用户根据自己的标准，将写着主题名称的卡片进行分组，用于了解用户对于网站、APP信息架构的心理模型。

潜影观察：在真实的场景中以局外人身份，在不被用户察觉的情况下，记录用户的行为与语言。这种方法介于第一、二象限之间。

第三象限（观点+定量）：

调查问卷：用封闭式问题的调查表，采集较大量的用户样本的信息，得到明确的答案。

第四象限（行为+定量）：

网站流量/日志文件分析：使用日志分析和流量软件，分析出网站各种流量、受访页情况、关键字数据等。

A/B测试：将Web网页或App应用程序制作两个（A/B）或多个（A/B/N）版本，分别让相似的访客群组随机访问，收集各群组的用户体验数据和业务数据，相互比较以确定哪个版本的更好。

数据分析：对用户黏性、活跃情况、注册情况、关键转化、下单情况、持续时长、用户留存等用户数据进行分析，用图表等可视化形式呈现，并进行数据预估。

深度访谈

在创意产生的过程中，我们着重介绍用户访谈中的深度访谈法，去洞见用户内心的声音。

深度访谈法又名深层访谈法，是一种直接的、针对个人的访问，以揭示受访者对某一问题的潜在动机、信念、态度和感情。深度访谈法适合于了解复杂、抽象的问题。这类问题往往不是三言两语可以说清楚的，只有通过自由交谈，对所关心的主题深入探讨，才能从中概括出所要了解的信息。

深度访谈法的要诀是不预设立场，也不能问抽象的问题，鼓励受访者自由地回答出更多内容。除了听他/她所说的，还要看他/她表现出来的动作、姿态、表情，寻找他内心真正的需求。

深度访谈的步骤

1	2	3	4	5
访谈前的准备	进行当面访谈	整理访谈逐字稿	分析并进行洞见	转化为解决方案的设计观点

下面的分析工具将带领大家通过用户访谈，找到解决方案的设计观点

第2章
探索创业的机会

分析工具

选取访谈对象

如果你走在大街上随便拉一个人访谈，通常得不到很有价值的信息，选对访谈用户是重要的第一步。

美国新墨西哥大学教授埃弗里特·罗杰斯在《改革的扩散》一书中提出，一个新产品的问世，将依次遇到5个用户群体。

5个用户群体	
创新者	因好奇心而自觉推动创新，勇敢的先行者。
早期采用者	乐于引领时尚、尝试新鲜事物的公众意见领袖。
早期大众	比较谨慎，等技术成熟、价格下跌后愿意尝试新事物。
后期大众	持怀疑态度，新事物得到验证变成社会主流时，才会接受。
迟缓者	对新事物的接受有极大困难，始终持排斥态度。

　　我们要从创新者与部分早期采用者当中找到"天使用户"。这些人愿意免费地花费大量时间，可以不顾产品的粗糙和不完美，陪着产品从第一个版本一起测试、反馈、验证、改进，陪伴产品成长，像天使一样，也可以叫"发烧友用户"。

　　通常，天使用户的需求点是好玩，而不是有用，"更好玩"让用户从一个产品迁移到一个新的产品，这时候用户会投入感情，不计成本。

找到天使用户

找到访谈对象 - 天使用户的 IUP 表		
访谈对象 Interviewees	使用的场景 Usage Scenarios	场景中的痛点 Pain Points
1.		
2.		
3.		
4.		
5.		
6.		
7.		
8.		
9.		
10.		

第 2 章

探索创业的机会

分析工具　　　　　　　　**编制访谈大纲**

　　开放式的访谈并不是漫无目的地闲聊，我们必须提前编制访谈大纲。首先要明确访谈想要达到的效果，设计各个主题领域，并为各主题安排恰当的顺序；接着要思考各主题领域中合适的提问，并预先估计受访者可能会如何回答，不要忘记"打破砂锅问到底"的5WHY原则；最后不要忘记检查大纲的完整性。

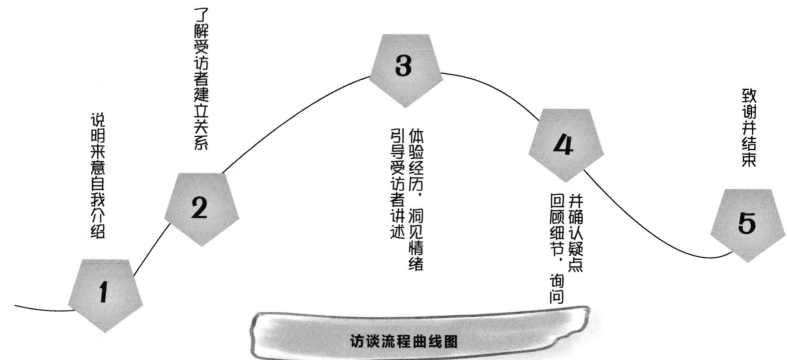

访谈流程曲线图

1 说明来意自我介绍
2 了解受访者建立关系
3 体验经历，洞见情绪 引导受访者讲述
4 回顾细节，询问 并确认疑点
5 致谢并结束

创业小白实操手册

访谈大纲列表 SETRT

访谈流程	示例	你的提纲
自我介绍 Self-Introduction	您好，我是来自 XX 的 XXX，我们想了解您关于 XXX 的一些体验和看法。	
建立关系 Establish Relationship	很高兴您能接受访谈。我们想找到解决 XX 问题的方案，您有这方面的体验和经历吗？	
讲述体验 Telling Experience	1. 当您在 XX 场景中时，有遇到什么不方便或者不舒服的点吗？ 为什么这些会造成您的不方便和不舒服？	
	2. 当您遇到 XX 困难的时候，目前您是怎么解决的？ 您可以用动作展示一下当时您是怎样做的吗？为什么这样做呢？	
	3. 现在市面上有什么产品或服务可以解决您的 XX 问题？您觉得这些产品和服务还有哪些 可以改进的地方？为什么您觉得这些点很重要？	
	4. 如果您来设计解决 XX 问题的产品和服务，它会是什么样子？为什么会这么设计？	
	5. 如果有新的产品能解决 XX 问题，您会成为最早的使用者吗？您会有什么疑虑吗？ 为什么会有这样的疑虑？	
回顾细节 Review Details	1. 刚才您说到几个关键点 XXX，您当时说到 XXX，对吗？	
	2. 就您提到的 XXX，您的意思是 XXX 吗？我理解得对吗？	
致谢和结尾 Thanks and End	非常感谢您接受我们的访谈，您给的信息正是我们需要的。	

访谈小贴士

1. 要提前征得受访者的同意，进行录音及拍照，访谈结束后将录音转化为逐字稿。
2. 问题应该中立，不带价值判断，用开放式的问题，多问为什么，让受访者多说。
3. 注意观察受访者的肢体语言，包括动作、表情、眼神等反应的情绪。
4. 以轻松、愉快的方式进行，注意提问策略，减轻受访者的心里防御。
5. 当有短暂的沉默时，不要慌张，沉默也是一种有意义的情绪。

第 2 章

探索创业的机会

分析工具

绘制同理心地图

同理心地图是由著名的视觉思考专家戴夫·格雷(Dave Gray)开发的可视化工具，可以将搜集到的资料进行分类整理，进而洞察用户的痛点与需求。

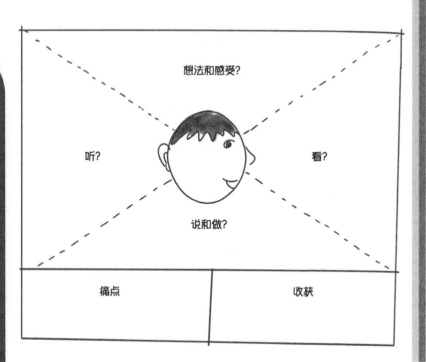

他/她看到了什么？

他/她在日常生活中遇到了什么？他/她周围的人在干什么？周围的人在看什么、读什么、接触什么时，可能会影响到他/她？考虑替代产品和服务或竞争对手正在做的事情。

他/她听到什么？

他/她听到什么观点？他/她是如何被影响的？他/她与家人、朋友和同事的个人关系如何？博客作者、社交媒体影响者等关键意见领袖在媒体上发表的言论如何影响他/她？

他/她做了什么？说了什么？

他/她的行为是什么？他/她的行为是怎样的？他/她的态度是什么？他/她说了什么观点？这可能在不同场景，和不同的人在一起时，会有不同的表现。

他/她的想法和感觉是什么？

他/她关心的是什么？是什么让他/她感觉好或者是坏？他/她担心什么以至于夜不能寐？当他/她考虑做某事或尝试某事时，感觉如何？害怕吗？兴奋吗？焦虑吗？

他/她的痛苦是什么？

我们需要洞见他/她的恐惧、困惑、困难和阻碍。

他/她想获得什么？

我们需要洞见他/她的需求。

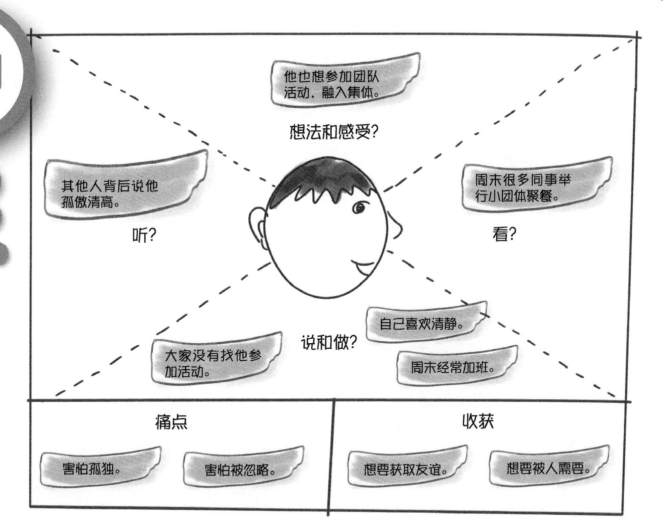

分析工具

找出你的洞见观点——UNI

经过前面同理心地图的归纳整理，我们已经能清楚描绘用户的痛苦与需求，现在我们要形成最后的洞见观点，才能将其转化为方案设计的价值创新点。

User + Need + Insight

洞见观点表		
谁（U）：一个清楚定义的对象	需要（N）：一个动词表示的对物（产品/服务/事件）的需要	洞见（I）：观察与诠释人与人的关系
一位65岁，从家乡县城到广州，帮儿子、儿媳做家务，带孙子的张老伯	想要日常在家就能方便学习科学照料、教育幼儿的产品	提升照顾孙子的水平，获得儿子、儿媳的尊敬

创业小白实操手册

【小案例】成为工业设计旷世之作的外星人榨汁机

这款意大利ALESSI外星人榨汁机，是由被誉为设计鬼才的法国设计大师菲利普·斯达克（Philippe Starc）设计的。它不仅仅是家居用品，更被当作雕塑艺术品，把整个工业史以及人类对生活的要求拉到新的层次上面。自1990年生产，它已经被卖掉了上百万个，至今仍然是设计专卖店中的经典。

三腿鼎立，顶部有螺旋槽，切开橙汁，半个压在顶上拧，橙汁就顺着顶部螺旋槽流到下面的玻璃杯里了。单单从功能上说，这款榨汁机是不实用的，据使用过此产品的人反馈，这款榨汁机中看不中用，使用时柠檬汁会顺着手腕往袖口里流，顺着长腿往桌上流，还往脸上喷，可就是不怎么往接在下面的杯子里走。在顶端放上柠檬挤压，向下的压力转化后会使三足倾斜，尖利的爪将会插入木质厨桌面。

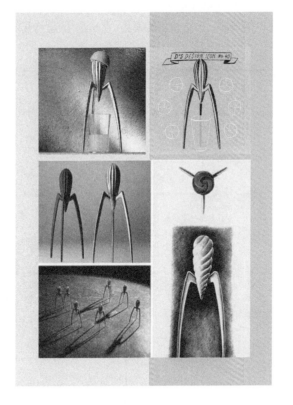

那么，这款产品为什么能够这么成功呢？那是因为设计师正视和洞察了消费者潜在的情感诉求，并且准确地将其加以实现。

斯达克在一次演讲中说道："在某个夜晚，一对新婚夫妇邀请新郎的父母来家里做客，父子俩去看电视转播的足球比赛了，新娘和婆婆头一回在厨房里单独相处，气氛有点压抑，而这个榨汁机就是为了起个话头而设计的。"它就是为了启动谈话而设计的，它的确也是让你可以跟家人朋友炫耀的东西。

它象征着拥有者的财富地位和品味层次，拥有它，可以解释它符合黑格尔美学，可以去展示它的极简主义设计感，以及演示如何操作使用它。

因此，它证明了产品的最终价值取决于它所带来的人的心理感受及社会反应。

第2章

探索创业的机会

应用练习

为盲人改进家居生活用品

同学们两两一组，一位同学戴上眼罩，在另一位同学的指引和帮助下，感受盲人日常生活中的一个生活片段，体验3种盲人的家居生活用品，并进行改进。例如，体验盲人喝水、吃饭、给手机充电等场景，改进饮食的餐具、房间的插座与充电器等。

创业小白实操手册

体验的场景	感受到的困难与障碍	拟改进的物品	改进的方案

应用练习　理解随儿女在大城市里居住的老年人

随着人口老龄化的到来，越来越多的人选择为老年人设计创新产品或服务。但很多项目根本就没有洞察老年人内心的声音，所谓的创新，最常见的就是搞一个高科技的应急呼叫产品，或者是互联网O2O上门家政服务之类的解决方案。如果没有从源头去洞见用户内心的声音，那么不管怎样努力，项目都不会成功。

现在我们聚焦其中一类老年人群体，他们从外地到子女工作生活的一、二线城市养老，往往与子女同住，帮忙打理家务和照顾第三代。

请每个小组针对这类群体，用5WHY分析法，理解他们的深层次需求。

表述的需求	想回老家	想去旅游	想去上老年大学	想自己买房
表层的需求	想有人陪伴与交流			
深层的需求	想排遣寂寞孤独			
人际的需求	想找到认同感与归宿感			
人性的需求	需要被尊重和关爱			

第2章 探索创业的机会

应用练习

绘制同理心地图，找到洞见观点

必做练习

各小组根据自己的项目，访谈5个天使用户，绘制同理心地图与洞见观点表。

绘制同理心地图

POINT 1
在画布上绘制同理心地图

POINT 2
将5份访谈逐字稿打印出来，用彩色荧光笔分别标注要点

POINT 3
将标注的不同要点裁剪开，分别贴在同理心地图上部的四个框内

POINT 4
推测同理心地图下部用户的痛苦是什么，他们想要获得什么

找到洞见观点

洞见观点表		
谁： 一个清楚定义的对象	**需要：** 一个动词表示的对物（产品/服务/事件）的需要	**洞见：** 观察与诠释人与人的关系
1.		
2.		
3.		
4.		
5.		

第3章 做一个有灵魂的产品/服务

3.1 创意是如何诞生的

3.2 打造有价值创新的解决方案

3.3 从产品概念到产品实现

知识介绍

3.1 创意是如何诞生的

相邻可能：好创意不是凭空产生的

美国理论生物学家和复杂系统研究者斯图尔特·考夫曼在2002年创造了一个新的词组"Adjacent Possible"，翻译成中文叫"相邻可能"，指在地球生命产生前的瞬间状态，所有构成原始生命的基本元素已经齐备，最终催生出生命的最原始形态。例如，形成细胞边界的蛋白质、多糖等，所有这些便是"相邻可能"。在"相邻可能"齐备的情况下，就可能产生变化。相邻可能理论告诉我们：每一件产生的事物都不是单独存在的；相邻可能的齐备是需要时间的，而碰撞后创造的可能性是瞬间的；复杂多样化的相邻元素更有助于创造。

我们对创意的畏难情绪在于：误认为好的创意必须横空出世、高不可攀。实际上，创意的产生与生命的诞生有异曲同工之妙，他们都不是凭空产生、一蹴而就的，而是具有连续统一性。创意像一扇不断打开的门。每打开一扇门，就会发现一个新的房间，房间又有很多不同的门，每个门又通向不同房间。如果不停推开眼前的新门，最终就可以走出一座宫殿。任何一个变革都会有他的延伸性，随着不断探索，它的边界也会不断扩张。随着一个变革的产生，空间的可能性随之扩大了。每一个新的组合都有为你打开其他新组合的可能。在轮子被发明后，手推车、马车、独轮车等与轮子有关的工具应运而生。从智人产生到人类创造出轮子，时间跨度以十万年计；从轮子出现，到人类发明汽车，时间单位以千年计；从汽车的出现，到登上月球，期间不过几十年，这是典型的相邻可能加速度。

每一扇门都代表了一种相邻可能，"相邻可能"使得创意具有无限性，也同时具有受限性。无限性是指你同时拥有很多"门"可以选，受限性是指你想进入第三个房间必须从第二个房间的门进入，而不能直接从第一个房间进入第三个房间。创意的"相邻可能"属性指出，一些创意的失败可能不是创意本身出了问题，而是这个创意脱离了所处的"相邻可能"空间。就连著名的企业家陈天桥也曾遭遇类似困境：2002年他就开始做支付平台，由于当时的电商环境尚未成熟，他创业失败；2004年支付宝诞生，呼风唤雨。2005年他开始做电视盒子在线视频，但由于网络速度缓慢及政策环境不允许，他创业失败；后来在4G时代，电视盒子们如雨后春笋，优酷、爱奇艺等在线视频平台也各领风骚。2006年他开始做"语音+视频"直播，由于移动设备尚未普及，再次创业失败；后来移动互联网时代来临，各种直播平台摄取了无数流量。因此，只有依靠现有的可用资源，进行拼接、组合，才能诞生可实现的新创意。

创业小白实操手册

分析工具

迪士尼创意法

　　迪士尼（Disney）创作出了唐老鸭、米老鼠、小熊维尼、猫和老鼠、超能大白、狮子王等经久不衰的经典动漫形象，其主要业务涵盖娱乐节目制作、主题公园、玩具、图书、电子游戏和传媒网络等领域，是名副其实的全球化超级娱乐产业集团。迪士尼的好创意为什么能源源不断呢？

　　那是因为，被誉为创意天才的沃特·迪士尼（Walt Disney）在工作过程中采用了一种非同寻常的头脑使用策略——迪士尼创意法。每当迪士尼团队产生一种创意的时候，他就会让团队成员扮演三个不同的角色，用于开发梦想以及为梦想变成现实提供最大可能性。这三种角色分别是：梦想家、实干家、批评家。三个角色按顺序出场，彼此各行其是，既能最大限度地发挥创造力，同时又照顾到创意的整体性。

第一步 ▷ 梦想家在限定时间内抛出大量突破性创意——天马行空，没有限制，构想未来，一切皆有可能。

第二步 ▷ 实干家以执行为第一目标，考虑哪些资源可以用，哪些方法可以省时省钱，时间和空间条件有哪些限制，一切以落地可行性为标准。

第三步 ▷ 批评家评测创意的优势、劣势、弱点、强项，反思哪些创意还没有被提出，提出改进意见，甚至提出不可行的反对意见。

第3章 做一个有灵魂的产品/服务

分析工具 假设情境条件创意法

当团队成员陷入思维困境，想不到好的创意时，可以用"假设情境条件创意法"来推动思路。因为把已有的点子放在新的条件、情境中，能够帮助开阔视野，让创意思维重新活跃起来。

让条件变化

创意方案能不能更大、更小？
创意方案能否更奢侈、更贵？
创意方案能否免费？
创意方案能否更有趣？
创意方案能否不用电？
创意方案能否在水 / 火里实现？
……

让情境变化

如果排除技术因素，会有怎样的创意？
如果在 2050 年，会有怎样的创意？
如果别的公司来做，会有怎样的创意？
如果为老年人或/儿童设计，
会有怎样的创意？
如果为动物设计，会有怎样的创意？
……

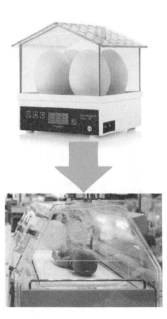

【小案例】从小鸡孵化器到婴儿恒温箱

19世纪70年代后期，妇产科医生斯蒂芬塔尼在巴黎动物园观赏动物的时候。看到了小鸡孵化器为新孵化的小鸡提供了温暖适宜的环境，新孵化的小鸡在里面蹦蹦跳跳，甚是惬意。这个场景，与长期从事妇产工作的斯蒂芬塔尼经历的场景形成了鲜明的对比，19世纪末期新生婴儿的死亡率高达66%，意味着新出生婴儿中有接近七成的婴儿难以生还。是否可以制作一个像小鸡孵化器一样的设备，为新生儿提供舒适安全的环境？一项伟大的发明便在斯蒂芬塔尼的心中产生了。斯蒂芬塔尼发明婴儿恒温箱之后，将使用婴儿恒温箱与不使用婴儿恒温箱的婴儿存活率进行对比，新生儿的死亡率由66%降低到了35%。

应用练习

为机场中的妈妈做创意

"创意"这个词总是和异想天开相联系，其实创意有专业的方法，除了上面提到的两种方法，还有强制联想法、逆向思维法、分解法、组合法、卡片整理法、类比法等，不可枚举。

现在，我们来试着为一位机场中的妈妈做创意：在机场出发大厅，一位年轻的妈妈拉着行李，带着一个3岁左右的男孩，她需要办理手续，同时兼顾孩子，男孩开始不耐烦，在出发大厅跑来跑去、大喊大叫，差点撞到其他乘客。我们可以通过哪些创意法帮她解决困境？下面已经列举了5种创意方法，你还能多列举出几种吗？

序 号	创意方法	具体阐述
方法 1	放大优点	利用孩子过剩的精力去娱乐其他乘客
方法 2	剔除不利因素	把孩子从其他乘客群体中分离出来，不影响其他人
方法 3	反向思维	使等待变成旅行中令人兴奋的一部分
方法 4	质疑假设前提	完全剔除登机前办手续的流程
方法 5	构建仿真环境	让机场出发大厅变得像一个游乐园
方法 6		
方法 7		
方法 8		
方法 9		
方法 10		

第 3 章

做一个有灵魂的产品/服务

启发案例

3.2 打造有价值创新的解决方案

像卖可乐一样卖"瓶装大米"——盒马鲜生把95后带回厨房

你儿时对"买大米"的过程有什么印象？细小的米粒被装在大大的袋子里，二三十斤沉甸甸的，买一次可以吃上好久，买米是家里比较重要的采购大事，妈妈总盼着爸爸能早点下班回来帮忙把米从商店扛回家里。

而成长于"外卖时代"的95后，工作节奏快、生活压力大，习惯于动动手指就点餐，于是被贴上"被外卖毁掉的一代"的标签。但事实并不是这样，年轻人自从出来工作以后，越来越注重养生，越来越多的人偏爱回家做饭。据新零售业态的代表——盒马鲜生的数据显示，54%的95后选择在家做饭，他们更爱半成品菜、汤料包，更习惯商家送货上门——在保证生活质量的同时，95后一切以效率、方便优先，在生活质量与节约时间中寻找着微妙的平衡。在半成品菜消费上，95后的购买比例更是达到了65后的两倍。不同年代的人对"做饭"的定义显然已发生了变化：父母辈们往往觉得，从买好食材到择菜、腌制、调味，直至完成一桌大餐，才能算"做饭"；而对于成长于新时代的95后来说，对半成品菜进行简单加工，挑选自己喜欢的熟食，煮上一锅热气腾腾米饭，又何尝不是"做饭"呢？

在全新的消费趋势下，盒马鲜生通过一系列自有品牌商品的研发，以创新、品质和个性化赢得年轻一代消费者的口碑。爆款创新产品首推"瓶装大米"。一瓶米、两瓶水、三人食，随时下单，一次吃完不用囤米。让年轻人买会一瓶一次可以吃完的瓶装大米，比卖出一袋5公斤的大米要简单得多。

创业小白实操手册

为了让用户轻松掌握黄金米水比，把上好的大米原料煮出好饭，盒马鲜生团队研发出300克米配360毫升水的黄金比例。一瓶大米淘洗之后，再用空瓶子盛满一瓶水倒入锅中，就能将米煮出恰到好处、软硬适中的口感。为了让瓶子里的米看起来不是很空，盒马鲜生还测试了各种不同直径的瓶子最后采用细身的瓶子，让大米和瓶子壁侧面保持较大的空隙，大米看起来会更加饱满。

供应链方面，盒马鲜生与上海市崇明区当地的稻米种植大户进行合作，在源头进行标准化的种植管理。稻谷被放在15℃左右的冷库储藏，做好鲜度管理，再通过订单式的生产，让每一瓶来自崇明的鲜碾米，都只在盒马鲜生的货架售卖45天，确保用户吃到的都是新鲜的大米。此外，还专门开发灌装饮料的生产线来灌装大米。灌装完毕后，大米在24小时内以最快的速度运往盒马鲜生。

瓶装鲜碾米上市大受欢迎之后，盒马鲜生紧接着又推出了瓶装免淘米，让用户进一步免去了洗米淘米的烦恼。针对瓶装大米，盒马鲜生还在继续打磨创新，让用户用创新的方式，吃到最新鲜的味道。

Airbnb（爱彼迎）——颠覆传统酒店行业的创新者

牧羊车里的房子
坐标美国怀俄明

风车里的房子
坐标荷兰阿姆斯特丹

透明圆形罩里的房子
坐标墨西哥

清风房车（Airstream）
坐标美国加利福尼亚

长在树上的房子
坐标美国亚特兰大

城堡里的房子
坐标爱尔兰

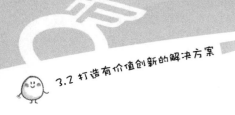
以上这些房子，都出自一个网站：Airbnb。

Airbnb是Air Bed and Breakfast (Air-b-n-b)的缩写，中文名：爱彼迎，前半部分Air Bed的意思是"充气床垫"，"充气床垫+早餐=爱彼迎"。它是一家联系旅游人士和家里有空房出租的房主的服务型网站，因为创造出全新的酒店服务模式而成为全球最大的、没有酒店的酒店公司。

2008年，Airbnb的创始人Brian Chesky和Joe Gebbia曾是美国罗德岛设计学院的同学，搬到旧金山后，两位昔日的同窗好友合租了一个公寓。本来准备在事业上大展拳脚的两人无奈都失业了，没有收入的生活举步维艰，于是他们萌生了将公寓闲置阁楼租出去的念头。传统的做法是，在当时最大的酒店信息网站Craigslist发帖子招租，但他们没有这么干，他们不希望自己的信息被淹没在广告的汪洋之中。当时，刚好一个工业设计会议即将在旧金山召开，很多酒店客满为患，他们便自建了一个网站，发了一个广告："充气床垫与早餐"（Airbed and Breakfast）——每晚仅需80美元。要住在陌生人的家里，睡在地板上的充气床垫上，这个主意怎么听怎么不靠谱。可是，就是这么个点子，竟然很快招来了3位房客：一位是刚毕业的设计学硕士，一位是工程师，还有一位是女士。就这样，他们在一个周末赚了1000美元。

于是，初尝成功滋味的两位年轻人找到做网络技术的Nathan Blecharczyk，三人共同创建了Airbnb公司。他们将这一做法复制到音乐节等大型集会。但这个网站没有支付功能，租客只能等住进去之后，当面付钱给房东。不出意外，他们失败了。

但他们没有放弃，改进了创意，不再聚焦于会议期间的短租，也不将其定位为酒店客房的廉价替代品。他们要做一个让用户能方便地预订民宿的网站，后来他们克服重重困难，成功收获了第一批"粉丝"，也顺利拿到天使投资。七年后，Airbnb的夜间租住房间预订量一举超过了酒店巨头希尔顿。现在，爱彼迎的业务覆盖了全球约200个国家和地区，在线房源超过300万套，公司估值超过300亿美元，正式成为"独角兽"企业。

这里我们分享两个Airbnb创业路上的小故事。

第一个故事：公司成立第1年默默无闻，每周的营业收入平均只有200美元，面临着零增长、不得不靠透支信用卡来维持经营的局面，三位创始人十分泄气。一开始，创始团队只是靠代码来解决问题，直到他们受到"设计思维"的启发，从用户的角度出发，发现"照片不好，用户上传的都是用手机拍的照片，或是从其他分类网站上扒来的照片。所以，人们当然不会在Airbnb上预订房间，因为你根本看不清楚你要花钱住的房间是什么样子的。"于是他们决定走出办公室，到现实生活中面对用户进行同理心洞察，他们租了一台相机，挨家挨户走访那些在网站上提供房源的人，免费给这些人的房子拍照，让图片看起来更漂亮些，体验租户住在房子里的感觉，品尝他们的早餐，体验网上的支付流程，与房主进行交谈获得反馈。回到公司后把所经历的问题和收集到的信息进行整理，创造出好的解决方案，并且开始动手改善网站的设计和客户体验，持续获得好的创意进行产品迭代，不断提高各方满意度，最终经营情况大有改观。

第二个故事：这是一位名叫Jonathan的房主的故事。她住在洛杉矶的回音公园，小时候很爱玩陶艺的她，长大后每周却要工作60到80个小时，还要照顾三个孩子，只能把自己的"陶瓷梦"抛在一边。直到有一天，Jonathan决定在Airbnb出租她家的一个闲置房间。这个决定改变了她的生活，并且"让一切成为可能"。每次，她把新旅行者迎进家，像对待亲人一样照顾他们，旅行者们都觉得和Jonathan就像是一家人，成为好朋友；同时这也为Jonathan带来了更多有趣的经历，她也因此变得更快乐。Airbnb给Jonathan带来的不仅仅是珍贵的友谊和有趣的经历，还有额外的收入和更多陪伴孩子的时间。更意想不到的是，她有更多的时间和精力追求喜爱的陶瓷艺术。如今，她设计的陶瓷灯已经成了洛杉矶精品店里的畅销品，她的独特创造还获得了种子投资，并且与美国知名连锁品牌Urban Outfitters和Anthropologie合作。这不仅仅是为客户提供有用的产品和服务，或者发送一种新奇的社交信息，而是要将冷冰冰的产品和服务，变成有灵魂、有温度的、能承载所有利益相关者生命意义和目的的人文关怀。

Airbnb最终成功了，它并不拥有任何房间和旅行项目，但却创造了一个基于网络连接的超级轻资产"另类旅行业或酒店业"，利用世界各地闲置的有形和无形资源，无论是闲置的房产，还是闲置的大脑、天赋、爱好、时间，将他们连接起来，转变个人的社会角色，重新参与创作有价值的产品或服务。

在Airbnb的平台上，住宿与出租不是简单的买卖交易，而是创造了一个智能化解决方案。例如，它能通过先进的搜索技术精准地匹配房屋供需之间的地点、出租类型、租赁特点、有效日期、价格等。屋主可以自定义租住细则，自由地展示自己的社交理念。旅行者可以在平台上创建理想中的房屋空间特性，或梦想的出行计划。同时Airbnb开发了非常流行的移动应用端，能在当

做一个有灵魂的产品/服务

第3章

地定位各种屋源，让用户可以方便、快速地找到符合就近选择原则的理想屋主。

Airbnb还在大数据的运用上有所突破。它主导制作了一个自动在线旅游指南。由此产生一个"协同过滤"的网络，能查找并匹配许多有地方特色的交通工具、餐厅、旅游景点、购物场所等。作为一种智能化的制作工具或方法，"协同过滤"能将某一个用户的兴趣、偏好、信息等从不同的用户那里自动收集、预测。

总之，如果用一句话说明Airbnb创造了什么与众不同的价值，那就是：人文关怀"纵容"消费者彰显个性，信任网络"感召"人人分享资源，智能交互"倒逼"自己用更科学的解决方案经营企业。Airbnb创造了一种全新的商业价值观和商业逻辑，一切围绕人的属性，改变了传统商业模式中关于客户、生产、供应、交付等价值要素及其之间关系的内涵和意义。

Airbnb是一个传统酒店服务业拥抱互联网后的创新商业模式案例。事实上，无独有偶，与Airbnb相同或相似的模式也在其他服务领域出现。例如，航空业的ExecuJet，出租车服务业的Uber和滴滴打车，电子商务业的eBay，视频业的YouTube，音频业的喜马拉雅，鲜花业的花点时间，洗衣业的e袋洗等。与Airbnb相同，这些服务业和制造业的商业新锐，都遵循最大限度地满足个性需求，和最大限度拯救自然资源的商业逻辑，以全新的商业模式，微观上创造客户的个性化价值，宏观上创造经济可持续发展的方式。

知识介绍

设 计 思 维

20世纪90年代，全球顶尖设计公司IDEO的David Kelley、Tim Brown与Roger Martin一起创造了设计思维（Design Thinking），它是一种创新性解决问题的方法，用于为寻求未来改进结果的问题或事件，提供实用和富有创造性的解决方案。

很多人都有这样的经验，眼看着高铁列车即将到站，手上拎着大包小包的行李，好不容易空出一只手，拿起车票直接插入验票闸门，此时却响起警示音，冷不防地告诉你重新放入一次。心急之下，你来回试了好几次，还是被闸门硬生生拒绝在外，直到高铁服务人员实在看不下去，走过来帮忙你把车票翻过来，才顺利地通过闸门，终于化解这场尴尬。上了高铁，你看着手上的车票，内心感到懊恼和羞愧，想说自己好"蠢"，怎么不知道蓝色票面朝上。先别急着责备自己，这不是你"蠢"的问题，而是车票这一产品，以及插入车票过闸机这一服务流程的设计出了问题。

设计思维又被翻译成"设计思考"，以至于很多人误以为这是设计行业的专业知识，是产品设计师去学习的，这实在是最大的误解。设计思维的核心在于以人为本（User-Centered Design），创新是为满足人的需求而进行的。设计思维要解决的是将人的需求、技术可能性以及对商业成功的需求整合在一起，通过用户情感的创新、产品功能的创新，以及业务流程的创新，为用户塑造创新型体验，满足用户需求和欲望。

所以我们在提出解决方案时，真正要做的不是对色彩、结构碎片化的创意，而是去如何聚焦自己的资源，站在用户立场有效地理解和传达用户的需求，并把这个需求准确地转换成产品及服务概念。

使用"设计思维"构建产品

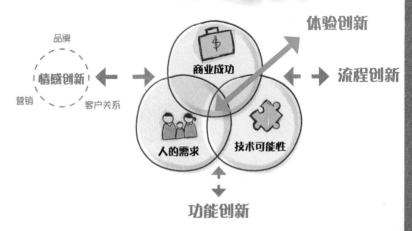

发现 洞察这个问题　定义 要关注的领域　发展 潜在的解决方案　交付 解决方案

问题　　问题定义　　解决问题

设计方向

体验创新　流程创新

功能创新

品牌　情感创新　商业成功

营销　客户关系　人的需求　技术可能性

第3章 做一个有灵魂的产品/服务

• • ● **77**

知识介绍

价 值 创 新

价值创新的概念最早由欧洲国际工商管理学院的金昌为(W.Chan Kim)教授和雷尼·莫泊奈（Rence Mauborgne)教授提出，通过对全球30种行业的30余家高成长企业的研究，揭示出重要特征：高成长性不受企业主体的规模或技术装备的限制，而是更多地受到企业所遵从的创新逻辑的影响。

价值创新不是依靠单纯提高产品的技术来增强竞争力，而是通过为用户创造更多的价值来力图使用户和企业的价值都出现飞跃，由此开辟一个全新的、非竞争性的市场空间，赢得成功。这意味着将出发点从竞争转变为创造全新的市场或重新诠释现有市场。

价值创新的着力点是在较大范围内（而不是在传统的细分市场中）发现并努力满足顾客尚没被满足的需求，向顾客提供更大的价值。

创业小白实操手册

创新途径 ❶
通过定义新目标市场来达到价值创新。

创新途径 ❷
通过重新定义用户的认知来达到价值创新。

创新途径 ❸
通过对基于价值链的业务流程重组来达到价值创新。

创新途径 ❹
通过对商品重组，如增加功能与服务、改变产品定位等来达到价值创新。

创新途径 ❺
通过引进新科技或是提升平台来达到价值创新。

在以人为本的体验经济中，我们把体验价值分为三个层次。

1.功能价值：功能价值能满足特定用户的需求，这决定目标受众也就是用户的范围。但在市场竞争中，你如果只是同类功能产品的其中之一，那么你很可能就只是目标用户的"备胎"而已。

2.体验价值：在满足功能价值的基础上，体验价值能超出用户的期望，影响用户的黏性。因为拥有了良好的体验，你就有机会在众多同产品中脱颖而出，有可能成为用户的首选。

3.价值创新：创造全新的体验，同时赋予用户不可替代的新价值，即便是同类产品，你也具有差异化的特性，给人印象深刻的第一次体验。人的大脑更容易被新的事物吸引，从而被感动，借由第一次体验的感动时机，赢得了抢占市场的先机，成为用户的唯一。

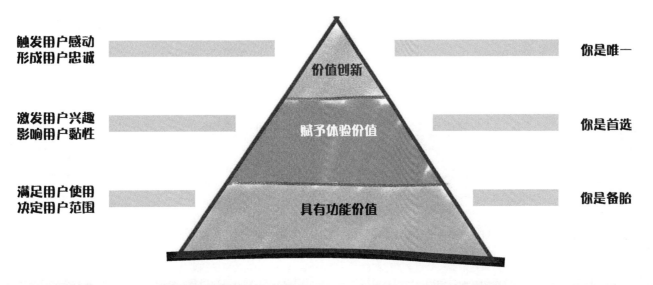

一个合格的产品/服务，必须具有好的功能价值；一个优秀的产品/服务，必须具有好的功能价值和体验价值；而一个创新的产品/服务，必须同时具备好的功能价值、体验价值和创新价值，创造出可行、崭新的解决方案。

第3章
做一个有灵魂的产品/服务

知识介绍

产品差异化

产品差异化是指在形成产品实体的要素上或在提供产品过程中，造成足以区别于其他同类产品以吸引购买者的特殊性，使用户能够把它同其他同类产品有效地区别开来，从而影响导致消费者的偏好和忠诚，对于差异化的产品拥有垄断权和控制权，这种垄断权构筑了其他企业进入该市场或行业的壁垒，尽可能聚焦细分市场做到第一名。

特别是新入局的产品，市场已经有很多同类产品了，如果简单追赶竞品、功能对标，很难撼动竞品已经积累的市场优势。因此，迫切需要打造差异化，才能脱颖而出。

围绕着用户需求，看看在竞品之外，还有哪些用户的需求目前还没有被更好地满足？是否足以支撑我们打造差异化，抢占用户。

假如我们开发一款"习惯打卡"微信小程序产品。市面上已经有诸如小打卡、鲸打卡之类比较成熟的小程序产品。小打卡是属于平台类的打卡，任何人可以在上面建打卡；鲸打卡是专门向教育机构提供打卡的工具。而我们要做一款新的打卡产品，如何做到差异化竞争呢？

我们可以尝试从不同维度挖掘差异化创新点：

创业小白实操手册

垂直细分维度

选择在某个垂直领域做到足够的好，然后再向周边辐射。例如，当当网一开始以卖书为切入点，后来进行品类扩展；例如，京东最开始主打3C产品，后来再向其他品类辐射。

社群驱动维度

打卡很难养成习惯并坚持下去，如果建立一个社群，由关键意见领袖带着一起打卡，用户就会被动驱动。例如，宝妈需要帮助孩子养成某些习惯，在宝妈社群打卡互相监督与激励。

服务升级维度

用户打卡的本质是希望达成某个目标或者养成一个习惯。我们可以提供一个更加系统的服务，帮助用户系统地达成某项目标。例如，提供"180天减肥计划""21天掌握商务英语计划"等。

服务拓宽维度

有明确打卡需求的用户范围很窄，但有"拖延症"的用户范围很大。我们可以将服务环节前置，给"想养成又养不成习惯"的群体提供帮助，在此基础上将这部分用户转化为打卡习惯养成用户。

产品差异化要素四维图

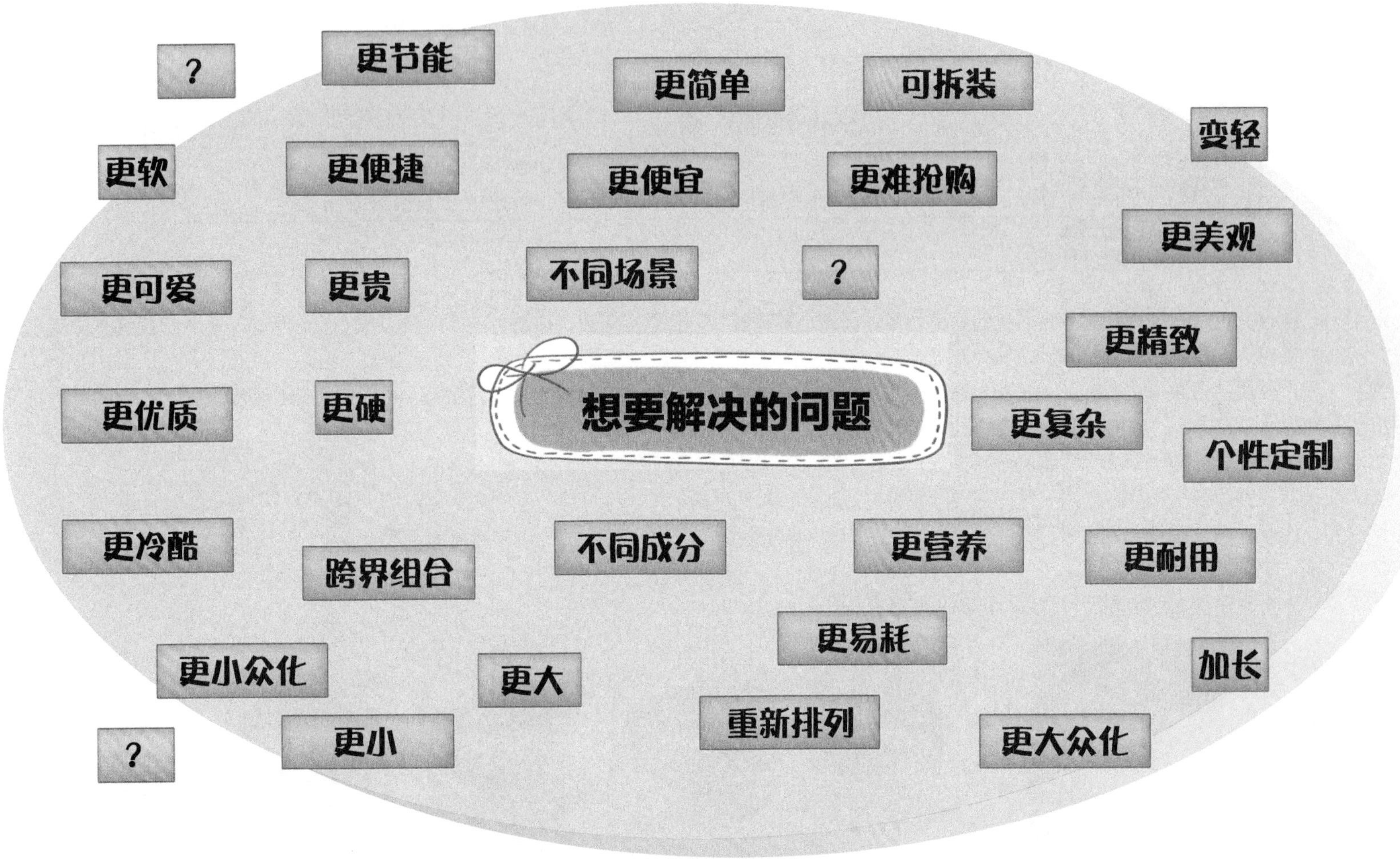

? 更节能 更简单 可拆装

变轻

更软 更便捷 更便宜 更难抢购

更美观

更可爱 更贵 不同场景 ?

更精致

更优质 更硬 **想要解决的问题** 更复杂

个性定制

更冷酷 不同成分 更营养 更耐用

跨界组合

更易耗 加长

更小众化 更大

更小 重新排列 更大众化

?

第 3 章 做一个有灵魂的产品/服务

分析工具　　　**脑力激写法**

回顾小组对人性需求的洞见，再次明确我们找到的创新机会点。

How Might We？	
我们如何能（示例）	设计一个蔬菜去皮器，可以方便每个人使用且不会划伤手
我们如何能（示例）	设计一个理财软件，将存钱习惯融入人们每一天的生活中
我们如何能 （写出小组的 HMW）	

对于一个痛点，可以有多种针对不同场景的解决方案。例如，快递最后一公里的痛点，目前可能的解决方案有众包代拿、无人机投递、快递点自提、智能快递柜等，将来还有更多创新的解决方案。

现在，我们要用脑力激写法（Brainwriting）进行解决方案的创意发想。它是用集体思考的方式，使每个成员的思想相互激发并产生连锁反应，引导出创造性想法。在这个过程中，我们要遵循以下步骤：

第一步，每个成员针对要解决的问题及创新机会点，花5分钟在纸条上写下3个解决方案。

第二步，将写好的纸条传给右边的成员，并同时收到左边成员传来的纸条。

第三步，继续在新收到纸条的第二行写下另外3个解决方案，你可以：强化别人的方案、整合别人的方案、改进别人的方案，或者写下你全新的方案。

第四步，依次重复前面的步骤，直到你写的第一张纸条，循环回到你的手中。

分析工具

成本/效用矩阵与卜氏概念选择矩阵：筛选解决方案

我们先用成本/效用矩阵（Cost/Utility)对50个解决方案进行初步筛选。横坐标是成本轴，越往右代表我们需要投入更多、需要越努力；纵坐标是效用轴，越往上代表我们得到的产出越多，影响力越大。在这个矩阵中，我们划分出如图四个象限。

我们把50个解决方案分别放入四个象限。然后，各小组通过讨论，从第一、二象限筛选出3个优选方案。

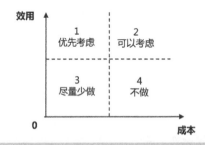

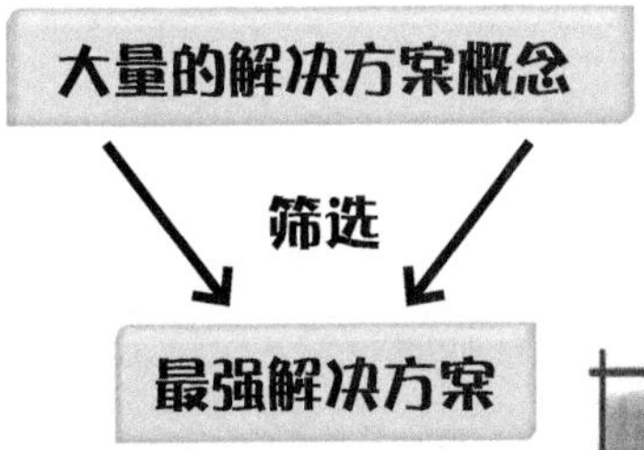

接下来我们用卜氏矩阵进一步进行筛选。卜氏矩阵全称为"卜氏概念选择矩阵"（Push Concept Selection Matrix)，是由英国思克莱德大学的Stuart Push教授提出的。当我们有限的资源只能聚焦开发一种产品时，借助这一工具可以快速地筛选出最强的解决方案。

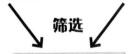

大量的解决方案概念

↓ 筛选 ↓

最强解决方案

评价指标	解决方案 1	解决方案 2	解决方案 3	标杆竞品
指标 1				
指标 2				
指标 3				
……				
总和				

纵轴上的指标根据项目自行分解，可以是可靠性、维护难易度、防水性、抗腐蚀性、节能性、流畅度、重量等。

将现有的代表性产品作为参考点，即标杆竞品。

将各方案进行相互对比，如果：
明确产生更好的效果，评定为"+"；
几乎一样的效能，评定为"S"；
明确产生更糟的效果，评定为"-"。

第3章 做一个有灵魂的产品/服务

分析工具 一句话描述清楚解决方案：4W1H法

凡是用一句话讲不清楚的产品和服务，往往做不成功。很多人长篇累牍地讲很久，但让人云里雾里，不明白他们到底想做什么或者这事有什么价值。不善言辞是小问题，本质问题是团队自己也没想清楚这件事。最牛的公司只需两个字就能描述：百度就是搜索，阿里就是电商，腾讯就是社交，新浪就是新闻，360就是安全，滴滴就是出行。因此，如果你的解决方案提炼不出来一句话，通常是两个原因：一是创始人自己没想清楚，二是业务不聚焦，很杂，没法用一句话串起来。

所有的创业者，都应该拥有化繁为简地用一句话把自己的产品和服务讲清楚的能力和素质。例如，微软CEO Satya Nadella在2014年上任后就提出了7个字："移动为先，云为先"，英文为4个单词"Mobile First，Cloud First"。这么庞大的企业，这么复杂的业务线，一句话就描述清楚了微软要做什么。我们的初创产品和服务，就做这么垂直细分的一件事，还说不清楚是非常不应该的。

更高层次的要求是，用一句话就能让外行听懂，让对你领域不太熟悉的人也能理解。这本身就是一个帮你把事情想清楚的过程，除了吸引投资人融资之外，对吸引人才、客户和合作伙伴也有很大的帮助。

下面，我们用4W1H法，从5个维度帮助大家梳理，如何一句话描述清楚我们的解决方案。

① 你是谁？ Who are you?

② 面向什么用户？ Who are your users?

③ 提供什么产品与服务？ What products or sevices?

④ 如何提供？ How to provide?

⑤ 解决什么问题？ What problems have been solved?

参考模板

公司 / 项目名称（ ）提供的（ ）产品或服务利用（ ）特色功能突出的（ ）帮助目标用户（ ）解决问题描述（ ）。

参考模板

Founder Institute 的创始人 Adeo Ressi 分享了自己的"一句话描述创业公司"的经验。
◆ 以前他这样描述：Socialista 提供的电子商务服务旨在帮助女性消费者更快地进行网上购物。
◆ 经过改进后他的一句话描述：电子商务网站 Socialista 旨在帮助新任妈妈以批发价自动订购尿不湿等婴儿用品。

怎样把超市的包装果汁玩出新花样，推出用户喜欢的新产品？

包装果汁属于快速消费品（FMCG）产业，全称为Fast-Moving-Consumer-Goods。超市里能买到的，跟大家衣食住行息息相关的产品基本都属于这个范畴，例如，各种饼干薯片巧克力、啤酒饮料矿泉水、香皂牙膏沐浴露、厕纸抽纸洗碗巾……包装好的开盖就能喝的果汁也在其中。果汁的市场规模有多大呢，你随便走进任何一家超市，就能看到很多。这类产品的特点主要有两个：第一，技术较成熟。相比之下，开发一辆电动汽车、一款VR眼镜、一块智能手表，其科技门槛要高得多。所以快速消费品研发更加侧重在"消费者需要什么"，而不是"我们有什么黑科技"上；第二，迭代快。产品消费得快，新产品开发得快，竞争对手追赶得也快。

如果你来做果汁新产品开发，会怎么做？

常见思路A：做市面上没有的。

常见解决方案A：市面上的果汁多半是橙汁、苹果汁、葡萄汁。那我们可以做猕猴桃汁、黄瓜汁，甚至混合品种。

常见思路B：比市面上的更强，或者更便宜。

常见解决方案B：市面上的果汁是高温杀菌后保鲜28天的，那我们可以做冷榨保鲜7天，更新鲜更可口。做不到的话，同样的果汁别人卖8块，我就想办法压缩成本卖7块。

常见思路C：改包装，让消费者冲动购买。

常见解决方案C：设计一款跟现在货架上在卖的果汁形状不一样的包装，让人一眼就能够注意到。

上述思路和解决方案听上去都很美好，可是，你能想到的，别人也可能想到，而且可能已经做完了。那该怎么办呢？

实际上，如果你只盯着果汁做果汁，就做不出好果汁。你如何才能让用户产生"这就是我想要的"这种感觉？

要找到创新的解决方案，先根据我们前面学过的方法和步骤来梳理一下。首先，我们来设定一个场景故事：一个32岁的项目经理，早上7:30起床，感觉昨晚没睡好，脑袋有点胀，眼睛有点肿……可是不得不起床啊，毕竟还要上班……于是，他冲进浴室洗了个澡，然后匆匆赶到公司大楼，在一楼的星巴克买了一杯浓浓的咖啡，一边喝一边走进办公室。他感觉咖啡因起到一点作用，现在整个人似乎好多了。

问题1	这是个怎样的场景？有什么痛点？	场景	昨晚没睡好，起床时头疼眼肿
		痛点	熬夜后起床上班，感觉疲惫不堪
问题2	现在采取的应对策略是什么？	目前的解决办法	洗澡，喝现磨咖啡
问题3	为什么会采取这些措施呢？为什么采取这些措施之后痛点得到了缓解？	洞见	依靠外在强烈的刺激感，强行唤醒身体
问题4	这对果汁来说有什么机会呢？	创新点	如何开发一款带来刺激感的果汁，让疲惫的上班族早起时唤醒自己，并且让人感觉更健康？

将产品概念的想法变成实实在在的产品

原料 （写出你用的原料和理由）	
包装 （画出你的包装， 写出你的设计理念）	

创业小白实操手册

应用练习

脑力激写50个创新解决方案

必做练习

各小组根据自己的项目，用脑力激写法，创新出尽可能多的解决方案。参考下表，将所有解决方案写在A4纸上，每个小组找到的创新解决方案不少于50个。因为有足够多的看起来"不靠谱"的想法，才有可能产生改变世界的真实的、富有创新性的解决方案。

记住，你可以强化、整合、改进别人的方案，在别人的方案的基础上产生的想法都算一个新的方案，当然你也可以提出自己全新的想法。

轮次	解决方案	解决方案	解决方案
第一轮			
第二轮			
第三轮			
第四轮			
第五轮			
第六轮			
第七轮			
第八轮			

第 3 章

做一个有灵魂的产品/服务

应用练习

用矩阵筛选解决方案

必做练习

我们把解决方案分别放入四个象限。然后通过讨论，从第一、二象限中筛选出3个优选方案。

绘制 成本 / 效用矩阵

POINT 1

把 50 个解决方案一条条裁剪开。

POINT 2

将解决方案分别放入四个现象。

POINT 3

展开讨论，从第一、二象限中筛选出 3 个优选方案

创业小白实操手册

绘制 卜氏 矩阵

评价指标	解决方案 1	解决方案 2	解决方案 3	标杆竞品
1.				
2.				
3.				
4.				
5.				
"+" 的个数				
"-" 的个数				
"s" 的个数				

◆ 将各解决方案加以排序，一般说来较多+号、较少 – 号的方案排序靠前。

◆ 解决方案还可以进一步完善，甚至几个好的解决方案是可以合并的。

应用练习

一句话描述你的解决方案

必做练习

你是谁?
面向什么用户?
提供什么产品或服务?
如何提供?
解决什么问题?

01 首先,每位组员根据自己小组的项目,各自在便签纸上,用4W1H法从5个维度进行描述。

02 接着,每位组员将5个维度串起来,在一张新的便签纸上写出一整句描述。

03 小组进行讨论、筛选和改进,提炼出最清楚、恰当的一句话产品/服务描述,由其中一位组员大声读出来。

公司/项目名称( )
提供的( )产品或服务利用( )特色功能突出的( )帮助目标用户( )解决( )问题。

下面,由我来用一句话描述我们小组的产品和服务。

第3章 做一个有灵魂的产品/服务

启发案例

3.3 从产品概念到产品实现

尴尬了 —— 那些失败的产品设计

前面找到的解决方案还只是停留在文字描述阶段，最终还是要通过具体的产品和服务来实现。我们先来看看一些反面教材：一位叫Samuel West的瑞典人，从全球各地收集"失败产品"，开了一家"失败产品博物馆"，让大家可以看看那些企业在研发产品时走过的弯路，以对未来的创新设计有借鉴意义。

1

2003 年，诺基亚为了跟任天堂争夺便携游戏机的市场，推出了这个能打电话、能玩游戏的游戏手柄手机。

结果，手机里没几个好游戏可以玩，而且打电话的时候"画风"简直"清奇"。于是，该手机卖了一年就停产了，还收获一些用户的骂声。

2

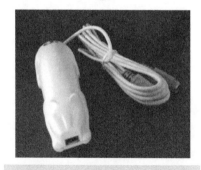

这个奇怪的东西是 2000 年发售的一款条形码扫描器。很多报纸杂志都会附带一个条形码，扫描这个条形码能获得更多的相关信息。例如，杂志中护肤产品广告旁边有个条形码，用这个产品扫一下，计算机就会弹出更多有关护肤产品的资讯。实际使用时，不光得连上 USB 线，还得装个专门的软件，而且有时候得扫描好多次才能跳出相关的网页。然而，就算成功扫出信息，但大多数情况下跟产品本身包装纸上写的信息一模一样！于是这款产品不到一年就销声匿迹了。

3

这款产品是一家叫 Peek 的公司在 2009 年推出的。那时推特刚刚兴起，这款产品叫 Twitter Peek，售价 200 美金。从名字就能看出来，它是用来发推特的，而且只能发推特。相当于花 1000 多人民币买个机器专门发微博。如果成功了，这家公司可能还会继续推出发朋友圈专用版机器、玩 QQ 空间专用版机器……所以，这款产品也很快消失无踪。

创业小白实操手册

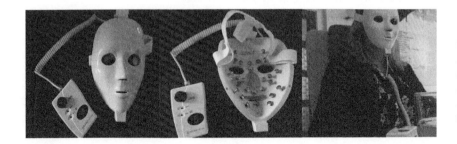

这款瘦脸面罩是 1999 年推出的，打出的口号是："轻轻松松变 V 脸"。该面罩能通过面罩内嵌的镀金材质发出电流，对面部产生轻微电击，从而达到刺激、收缩面部肌肉的效果。这款产品也是唯一在网站上还能购买得到的产品，但销量极低，评价极差。用户觉得戴上它就像无数只蚂蚁在脸上爬，爬完还不见成效——难受，且不瘦。很多购买此产品的用户认为它根本没有什么用，唯一的用处就是用来吓人，包括会吓到家里的小猫小狗。

还有一款理想很丰满，现实很"打脸"的自行车。1978 年，瑞典为了解决环保问题，准备用适合的塑料材质来替代金属制造自行车。经过几年的研发和改良，1981 年，这款塑料自行车终于面世，一开始，经过媒体的报道之后，民众们都表示支持，买一辆自行车就为保护环境尽了一份力，而且它的外观还挺好看的。

根据当时的调查，至少有 10 万瑞典人都想拥有一辆这样的自行车，公司赶紧开始大批量生产。然而，距第一次展示 5 个月之后，媒体和民众的兴趣就消退了。为了方便购买和运输，自行车是以散装的形式送到用户家，再由用户自己拼装。买过的用户表示安装很难，经常会出现缺少零件的状况，它又和普通自行车的零件不兼容，还得大老远专门订购，简直是花钱找麻烦。再加上塑料材质的抗压性和耐用度都远远不及金属。于是口碑热度双双下降，这款自行车坚持了 3 年就停产了。

日用品也来凑热闹，说出来你可能不信，高露洁 1980 年曾推出过一系列的速冻晚餐——牛肉烤宽面条，而且表示："吃了我们家的速冻晚餐，要记得用我们家的牙膏刷牙哦"。速冻晚餐显然没怎么卖出去，高露洁的这项方案成了"品牌延伸"失败的经典案例。

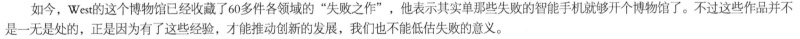

如今，West的这个博物馆已经收藏了60多件各领域的"失败之作"，他表示其实单那些失败的智能手机就够开个博物馆了。不过这些作品并不是一无是处的，正是因为有了这些经验，才能推动创新的发展，我们也不能低估失败的意义。

第 3 章　做一个有灵魂的产品/服务

知识介绍

什么是好的设计：EEQ法

什么是好的设计？这个问题的答案大概是一千个人心中有一千个"哈姆雷特"，每个人都会有不同的理解，不过作为一门学问，总会有人去归纳、总结各领域有共性的维度。

德国工业设计师Dieter Rams总结出"好的设计"的十大原则：

1.好的设计是创新的 (Good design is innovative)

创新设计总是伴随着科技的进步而向前发展，永远不会消耗殆尽。

2.好的设计是实用的 (Good design makes a product useful)

产品买来是要使用的，至少要满足某些基本标准。

3.好的设计是唯美的 (Good design is aesthetic)

产品的美感无时无刻不在影响着我们的生活，只有精湛的东西才可能是美的。

4.好的设计让产品说话 (Good design helps a product to be understood)

优秀的设计让产品的结构清晰明了，最好是一切能够不解自明。

5.好的设计是谦虚的 (Good design is unobtrusive)

产品应该是中庸的，带有约束的，这样会给使用者的个性表现上留有一定空间。

6.好的设计是诚实的 (Good design is honest)

不要夸张产品本身的创意，其功能的强大和价值，也不要试图用实现不了的承诺去欺骗消费者。

7.好的设计是坚固耐用的(Good design is durable)

避免产品成为短暂的时尚，产品应该看上去永远都不会过时。这一点在当下被一次性网红商品充斥的时代显得特别重要。

8.好的设计是细致的 (Good design is thorough to the last detail)

任何细节都不能敷衍了事或者怀有侥幸心理，设计过程中的悉心和精确是对消费者的一种尊敬。

9.好的设计是关心环境因素的 (Good design is concerned with the environment)

好的设计必须考虑到使用者的环境，关注体验的每一个环节。

10.好的设计是尽可能地无设计 (Good design is as little design as possible)

简洁，但是要更好，因为它浓缩了产品所必须具备的因素，剔除了不必要的东西。

创业小白实操手册

创业教父Y Combinator创始人Paul Graham在文章《Taste of Maker》里讲了六大设计原则：

1. 好设计是有启发性的

启发性的作品往往比描述性的作品更打动人心，这意味着一个产品应该允许你按照自己的意愿使用。例如，一幢好的建筑物应该充当一个平台，人们在这个平台上可以过自己想过的生活，而不是让人按照建筑师的意思去安排你的生活。对软件行业来说，这条原则意味着应该为用户提供基础的元素，并且使得他们能够随心所欲地将其组合，就像乐高玩具一样。

2. 好设计是困难的

做出伟大作品的人具有一个共同点：他们工作得很辛苦，因为要实现功能很困难，没有别的精力再开发多余的形式了。所谓形式追随功能，就像人们觉得自然界里野生动物身上的花纹很美，但这些外观特征的作用都是为了让它们应对生存的挑战，而不是浪费在单纯的装饰上。

3. 好设计是看似容易的

当我们看到优秀的设计师做出的作品时，有时会想：这也太容易了吧。但是这其实是一种错觉，一个好的产品使用很简单，是因为设计师对产品的准确把握和高度的概括，这经过了不断的改善。

4. 好设计是奇特的

某些杰出的设计常被认为是不可思议的，因为它超出了人们的想象。这里说的奇特也就是我们通常所说的风格，每个设计师都想要发展出自己的风格。但是，如果是为了开发自己的风格而做产品，它往往不是最好的；相反，如果你只想着做出最好的作品，你就不可避免地采用一些特殊的方法。

5. 好设计是成批出现的

这是一个很奇特的规律，杰出的设计作品大部分是成批出现的，例如，15世纪的佛罗伦萨有伟大的建筑师布鲁内莱斯基、画家马萨乔、菲利浦·里皮，达·芬奇和米开朗琪罗。如今，人的流动性很高，但是伟大的项目依然集中在少数几个热点上：如德国的包豪斯学校，以及硅谷产生的创业传奇等。你可以拉动这个浪潮，但是不可能跳出这个浪潮。

6. 好设计是大胆的

如果你想要做出伟大的成果，就不能顺势而为，反而应该特立独行，大胆地去创新。

你开办创业公司不是单纯地为了解决问题，而是为了解决那些用户关心的问题。

无论你的技术水平有多高，用户数量都比你自己的判断更能准确地反映哪些问题应该优先解决。

做出伟大产品的公司，自我评价往往以"批评"和"自嘲"为主，而不是以"肯定"和"表扬"为主。我认识的杰出成就人士都认为自己做得不够好，之所以能成功只是因为其他人做得更差。

如果你在当今社会提到"品味"，很多人会对你说"品味是主观的"。他们真的就是这么认为的。喜欢一件东西，却不知道自己为什么喜欢它，原因可能是这件东西是美的，但也可能因为他们的母亲也拥有同样的东西，或者杂志上某个明星使用它，或者仅仅是因为它的价格很昂贵。这些思想往往是没有经过整理的无数杂念的混合。

无论是Dieter Rams 还是Paul Graham，都是站在个人经验视角衍生出的设计观。设计无处不在，小到一张海报、一件衣服、一款手机，大到一座建筑、一座桥梁，甚至载人航天飞船，都和设计联系在一起。

我们应该如何设计产品和服务呢？从对用户的洞察以及价值创新的内涵出发，我们总结出"好的设计"三个维度的评判原则：赋能、启发、消除疑虑，即EEQ法。

接下来，我们举个例子来说明如何用EEQ法来判断"好的设计"。

如果你要做一款 AI 视频换脸娱乐手机软件	赋能 E	赋予使用功能	10秒内一键换脸，快速将自己的脸换到影像视频中，得到一段新视频
		赋予社交功能	与QQ、微信好友合拍，在熟人之间分享，激起传播欲望
	启发 E	附加有趣价值	增加兴奋感，让用户展示自我，通过照片实现明星梦
		附加有情价值	追星、与偶像同台"彪"戏，经典影视片段唤起美好记忆
	消除疑虑 Q	消除功能疑虑	要解决素颜不好看，"P图"痕迹明显，显得很"假"、很"违和"等问题
		消除风险疑虑	要解决用户肖像权被盗用、隐私被侵犯、人脸识别信息被泄露等风险

赋予产品使用功能是基础；赋予社交功能可以增强用户黏性，促进传播；附加有趣、有情价值是突出差异化优势；消除疑虑才能让用户做出购买决定。当然，我们不可能做到面面俱到，在现有资源和技术条件下，我们要尽可能地综合考量这些原则。可以用EEQ法来帮助你思考如何设计你的产品。

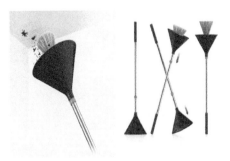

防落灰扫帚
设计者：李伟斯

附有放大镜的会议胸牌
设计者：林秋艳、黄莹君、王秋玉

印有小鱼的雨伞套
设计者：张剑、麦培珊

第 3 章

做一个有灵魂的产品／服务

分析工具

产品用户体验设计的五个层次

用户体验设计就是"以用户为中心的设计"，创造"每件事都按照正确的方式在工作"的用户体验，就像《Don't make me think》这本书里提到的"这会让用户觉得自己更聪明，更能把握全局，这会让他们成为老用户"。

Jesse James Garret在《用户体验要素》一书中，围绕"以用户为中心的设计"得出一套产品设计的思维方式：从抽象到具体逐层击破五个层面，包括战略层、范围层、结构层、框架层和表现层，最终达到用户体验设计目的。虽然这是特别针对Web设计来讨论的，但对我们基于用户体验去分析产品设计层次很有借鉴意义。

表现层	感知设计	**具体**

1. 字体大小、颜色搭配、排版等视觉设计是怎样的？
2. 通知、提醒、音乐的听觉设计，甚至是嗅觉 / 味觉 / 触觉设计是怎样的？
例如，某个职场社交软件是以商务蓝为主色调的，这很好地支持了其职场社交的品牌形象。

框架层	界面设计 导航设计 信息设计

1. 页面布局是怎样的？重要信息是否在最佳视域里？
2. 每个页面有多少要素？用户会被导航跳转到哪里？
例如，短视频 APP 的主页上，"开始拍摄"按钮的位置。

结构层	交互设计 信息架构

1. 用户完成某项任务的操作流程是怎样的？
2. 系统结构的骨架是怎样的？
例如，在电商平台的购物操作流程是：挑选商品—放入购物车—结账—生成订单—索取发票。

范围层	功能规格 内容需求

1. 我们要做到哪些事？具体要提供什么样的确定性？
2. 我们坚决不做哪些事？
例如，微信可以聊天、查看朋友圈、发红包等。

战略层	用户需求 产品目标	**抽象**

1. 我们要通过这个产品得到什么？
2. 我们的用户要通过这个产品得到什么？他们为什么会依赖我们？
例如，微信的定位是熟人社交，而陌陌则是陌生人社交，两个不同的定位解决了用户不同的需求。

创业小白实操手册

【小案例】滴滴礼橙专车用户体验设计的五个层次分析

2014年，滴滴公司推出为高端商务出行人群提供优质服务的专车产品，这是在针对传统出租车行业推出滴滴打车之后上线的第二款产品。滴滴打车软件面向打出租车的用户群体，而滴滴专车则面向中高端商务专车群体，这意味着能为用户提供更加多元化的出行。2018年，滴滴公司宣布将专车升级为全新品牌，并更名为"礼橙专车"。下面，我们分别从五个层次进行简要分析。

产品功能	需求描述
实时叫车	用户无论在哪，发送实时订单等待接驾，希望得到高档舒适车型和高品质服务，优先派车
预约叫车	用户发送预约订单，希望得到高档舒适车型和高品质服务，按约定时间与地点接驾
接送机	用户在商务场景，希望得到高档舒适车型和高品质服务，按航班起飞/落地时间接驾
代 叫	用户在社交场景，希望得到高档舒适车型和高品质服务，实时/预约为朋友接驾

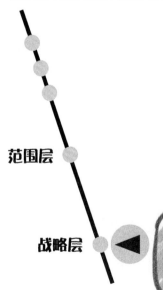

范围层

战略层

【礼橙专车 品质出行】致力于以高端车型、优质服务，为乘客提供品质出行体验。秉承乘客至上的服务理念，承诺为每一位客人带来专业贴心、值得信赖的出行服务。通过对车内环境的严格要求，对每一处服务细节的精心投入，以及充分考虑乘客的用车场景需求，随时随地满足用户对高品质出行的追求，让每一段行程都舒适，让出行成为享受品质的时刻。

第3章 做一个有灵魂的产品/服务

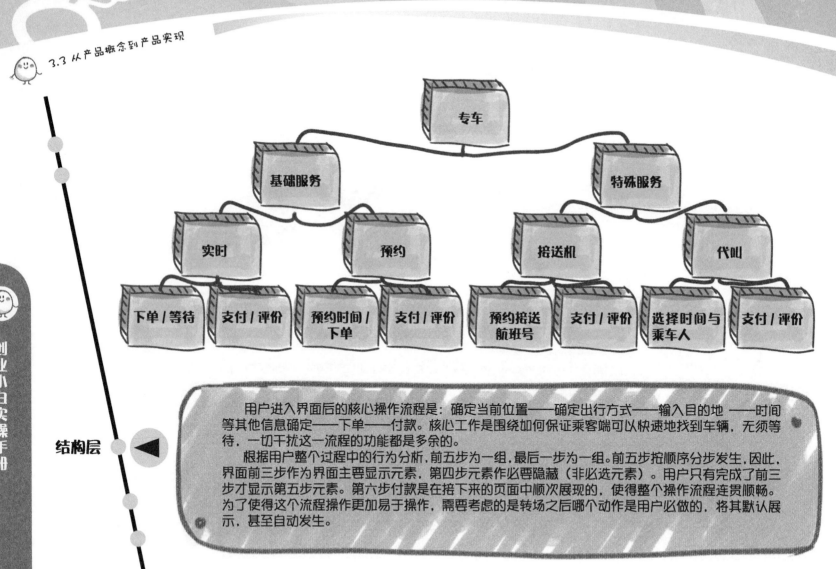

专车

基础服务

特殊服务

实时

预约

接送机

代叫

下单 / 等待

支付 / 评价

预约时间 / 下单

支付 / 评价

预约接送航班号

支付 / 评价

选择时间与乘车人

支付 / 评价

结构层

用户进入界面后的核心操作流程是：确定当前位置——确定出行方式——输入目的地 ——时间等其他信息确定——下单——付款。核心工作是围绕如何保证乘客端可以快速地找到车辆，无须等待，一切干扰这一流程的功能都是多余的。

根据用户整个过程中的行为分析，前五步为一组，最后一步为一组。前五步按顺序分步发生，因此，界面前三步作为界面主要显示元素，第四步元素作必要隐藏（非必选元素）。用户只有完成了前三步才显示第五步元素。第六步付款是在接下来的页面中顺次展现的，使得整个操作流程连贯顺畅。为了使得这个流程操作更加易于操作，需要考虑的是转场之后哪个动作是用户必做的，将其默认展示，甚至自动发生。

表现层

视觉设计追求极简，用色趋向于轻柔，缺陷性在于给人软绵绵、没有力度的感觉，特别是浅灰色字体，视觉落在界面上之后没有清晰有力的辨识度，很容易造成聚焦缺失。最好能进行改善，引导用户视觉始终聚焦于打车的核心操作，使用户的视觉能够按照事先规划好的路径顺序移动。

框架层

纯白的卡片式设计简洁，地图定位占据主屏幕正中央绝大部分位置，腰部可左右滑动选择服务方式。绿色的定位标识，以及推荐上车点可以快速帮助用户确定当前位置。下单后，移动的小车可以快速帮助用户确定当前车辆的位置以及移动方向。

第 3 章

做 一 个 有 灵 魂 的 产 品 / 服 务

应用练习

从用户体验设计的五个层次
——分析你的产品如何实现

必做练习

5	表现层	写出你将采用的材质、配色等，可将第四层的图用彩色笔上色	
4	框架层	写出产品的主要按钮、开关、界面等，可画出简单的界面布局及外观形状示意图	
3	结构层	写出用户的核心操作流程，可画出产品结构图	
2	范围层	写出你的产品要实现哪些功能	
1	战略层	写出你的用户需求，以及产品提供给用户的价值目标	

创业小白实操手册

第 4 章 设计你的商业模式

有温度的创业

4.1 透视商业模式

社会企业的商业模式：空巢爱之光 —— 社区养老微关爱定制服务

南京信息工程大学的大学生创业项目：空巢爱之光——社区养老微关爱定制服务获得第五届中国"互联网+"大学生创新创业大赛全国总决赛青年红色筑梦之旅赛道的银奖。

空巢爱之光——社区养老微关爱定制服务是南京市空巢爱之光公益发展中心推出的全国首创子女关怀式健康定制助老公益服务，以身心呵护的服务初衷、五方资源共享的平台、智能匹配的动态监管与个性定制的贴心服务四大创新特色，打造养老志愿服务升级版。项目推出的四大主题服务精确对接老人需求，"健康管理"与"健康教育"主题服务，通过社区及医护志愿者提供慢病管理与生活帮扶；"心理抚慰"主题服务，由高校志愿者提供陪伴定制与活动定制；"薪火相传"主题服务为老人进行时光记录，帮助手艺老人搭建线上商店。空巢爱之光项目以4+2模式稳定运行，基于微关爱APP与数据库两大核心技术，构建协会、高校、社区、企业、基金会五方志愿资源平台。依托江苏省大数据分析技术重点实验室，中心建成全国规模最大的养老公益服务数据库，老人52项需求测评与志愿者能力测评智能匹配，实现个性化精准定制；团队研发的微关爱APP下载量突破千万，位居全国同类APP排行榜榜首，对服务全程实现动态监督，实时调控。项目已在南京医科大学、南京信息工程大学等高校建立起十大志愿者招募点，并联合江苏悦心养老集团等4家机构开启志愿者与技术共享计划，累计注册共享志愿者数量已超过 28500 人，注册共享志愿者现已遍布全国 21省 318 个县市。在南京建立起13大社区养老服务站，服务覆盖 4013 户家庭，每个社区保障配备30个以上社区志愿者，共举办社区助老活动 186 场，累计服务时间长度为 322000 多个小时。空巢爱之光资金来源广泛，通过冠名宣传和养老地产入驻形式，诚德医疗器械有限公司、君联强泰有限公司等7家千万级企业资助资金与设备总价值五百万元以上。爱之光积极与世界宣明会、赵修平夫妇基金会等社会组织合作，在"国际志愿者十周年"志愿者博览会上荣获表彰，先后获得了上海非营利组织发展中心、亚洲基金会等的合作与帮助。爱之光公益发展中心是中国首家健康管理服务公益机构，荣获联合国"国际志愿者10周年贡献奖"，被江苏省健康产业研究会评为年度最值得信任单位。

创业小白实操手册

启发案例

樊登读书会 —— 收入过亿的知识IP如何缔造

近年来，知识付费平台迅速崛起，成为创投圈的高频词，涌现出了混沌大学、得到、樊登读书会、吴晓波频道、喜马拉雅FM、荔枝微课等一批知名平台。其中，樊登读书会的模式颇具代表性，年收入近亿元，它是如何构建起知识付费的社群平台？快速增长的秘密又是什么？

创始人樊登曾是中央电视台主持人，曾主持《实话实说》《三星智力快车》《商界传奇》等明星节目。樊登读书会由其在2013年发起，是倡导基于移动互联网的学习型机构，使命是倡导"全民阅读"，帮助中国3亿人养成阅读习惯。樊登读书会提供形式多样的精华解读，以视频、音频、图文等多种形式呈现在樊登读书会APP上进行分享传播。

从上线之初，樊登读书会就实行收费模式。樊登认为免费的东西，很多人不会珍惜，收费是一个筛选门槛，能把真正认同樊登读书会的人筛选出来。樊登读书会的会员增长主要有两个渠道：一是会员间的口碑推荐，二是城市代理销售会员卡。目前，樊登读书会已在海内外成立近千家分会，会员人数几百万。其中省级分会覆盖了全国34个省份，而海外分会也拓展到了亚特兰大、多伦多、新加坡等20多个城市。2016年底，樊登读书会开始在全国各地开设书店，"樊登书店"在地方也采用的是加盟的轻资产模式，目前已经开了200多家线下书店。

樊登读书会的运营模式主要是：

1.收费服务：收取年会费；付费课程服务。

2.卖书：网络售书平台。

3.线下书店：借助樊登这个IP的号召力，线下开设书店，采取加盟制，向加盟商收取5万—10万元加盟费，还有一些额外的管理费、培训费等。

4.线下社群收费活动：各个城市代理拥有本地社群的管理权，可以每周组织一些同城活动，向社群成员收取一定的组织费。

知识介绍

什么是商业模式？

商业模式（Business Model）是指为实现各方价值最大化，把能使企业运行的内外各要素整合起来，形成一个完整的、高效率的、具有独特核心竞争力的运行系统，并通过最好的实现形式来满足客户需求，实现各方（客户、员工、合作伙伴、股东等利益相关者）价值，同时使系统达成持续赢利目标的整体解决方案。

商业模式描述与规范了一个企业创造价值、传递价值以及获取价值的核心逻辑和运行机制。商业模式的本质就是连接各利益相关者的价值。

商业模式最核心的三个组成部分是创造价值、传递价值和获取价值，三者是一个环环相扣的闭环，三者缺一不可，少了任何一个，都不能形成完整的商业模式。

创造价值是基于客户需求，提供解决方案；
传递价值是通过资源配置，活动安排来交付价值；
获取价值是通过一定的赢利模式来持续获取利润。

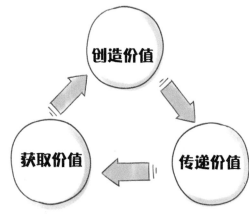

商业模式是我们的四面镜子

多棱镜
发现更多资源和潜在资源

透视镜
挖掘更深更广的需求

广角镜
发现新的利益相关者

聚焦镜
设计新的交易方式

知识介绍

什么是好的商业模式？

每个行业都没有标准的商业模式可言，但随着时间的推移，行业内会有一个最为成功的商业模式成为主导，再后来又会有新的商业模式涌现，商业模式创新的机会一直存在。一套好的商业模式，一定是你基于商业模式设计的原理，自己设计出来，不断在实施过程中纠错，并慢慢成形的。分析和理解商业模式竞争的逻辑，对于设计一个好的商业模式，或者对不同的商业模式进行预判和选择，会有很大的帮助。

我们总结出好的商业模式的八大特征：

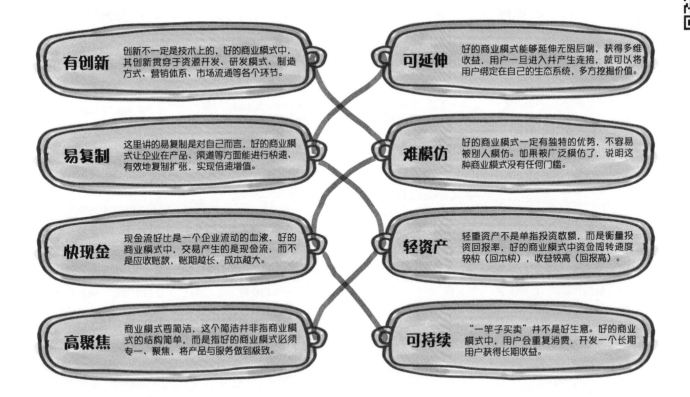

有创新 创新不一定是技术上的，好的商业模式中，其创新贯穿于资源开发、研发模式、制造方式、营销体系、市场流通等各个环节。

可延伸 好的商业模式能够延伸无限后端，获得多维收益，用户一旦进入并产生连接，就可以将用户绑定在自己的生态系统，多方挖掘价值。

易复制 这里讲的易复制是对自己而言，好的商业模式让企业在产品、渠道等方面能进行快速、有效地复制扩张，实现倍速增值。

难模仿 好的商业模式一定有独特的优势，不容易被别人模仿。如果被广泛模仿了，说明这种商业模式没有任何门槛。

快现金 现金流好比是一个企业流动的血液，好的商业模式中，交易产生的是现金流，而不是应收账款，账期越长，成本越大。

轻资产 轻重资产不是单指投资数额，而是衡量投资回报率，好的商业模式中资金周转速度较快（回本快），收益较高（回报高）。

高聚焦 商业模式要简洁，这个简洁并非指商业模式的结构简单，而是指好的商业模式必须专一、聚焦，将产品与服务做到极致。

可持续 "一竿子买卖"并不是好生意。好的商业模式中，用户会重复消费，开发一个长期用户获得长期收益。

分析工具　　商业模式设计的导航路径

在项目的初创期，商业计划书还处于"画饼"阶段，商业模式的构架设计是重中之重，因为它从一开始就决定了项目的一生，想要进行产品与服务创新，也要在一开始就研究如何设计商业模式。下文提供了一个商业模式设计的导航路径。

创业小白实操手册

预定产品航向	规划业务结构	获取所需资源	制定赢利模式
服务的目标用户是谁？ 是横向满足不同用户的不同需求，还是垂直细分满足特定用户的特定需求	如何连接相关者进行交易？ 设计业务环节，分配合作伙伴角色，明确交易形式和内容	拥有哪些资产、技术和人才？ 整理所需资源、获取所需资源的渠道，合理布局所需资源	如何获取利润并平衡利益各方？ 争取多种收入来源结构，转嫁成本或争取应付款账期，明确利益分配机制

思考要点提示

▶ 重新划分已有用户群 ▶ 辨别用户真实需求 ▶ 精准定位用户群体 ▶ 确定用户群占比 ▶ 确定其他利益相关者	▶ 定位产品功能 ▶ 定位纵向发展的创新功能 ▶ 定位横向发展的产品线 ▶ 界定如何与用户进行交易 ▶ 策划线上、线下经营活动	▶ 自身已经具备哪些资源 ▶ 是否采用资源杠杆 ▶ 整合资源的方法 ▶ 寻求外界哪些帮助 ▶ 资源产生的价值归属谁	▶ 收入来源是直接用户，还是第三方 ▶ 有没有多种收入来源 ▶ 成本是否可以转嫁给第三方 ▶ 利益如何与相关利益方分配

案例分析参考

今日头条（极速版）是一款付费阅读的推广平台，选择极速版的用户画像是非会员，是内容接受者而不是创造者，且用户的手机内存不够，比较卡顿，对功能要求不是很多，喜欢简单的界面，乐于分享并顺便赚点小钱。	今日头条（极速版）的主业务是为了用户拉新和裂变。包括搭建邀请好友的体系，例如被邀请人阅读×天，奖励邀请人×元；建立任务互动的体系，例如走路赚金币，提醒好友阅读；上线广告植入的体系，例如百宝箱看广告领金币。	今日头条（极速版）本身源自专业版，技术开发团队已经有了基础，但极速版主推阅读奖励与分享，所需的资源也有所不同，例如分享功能要协调与微信、微博等的关系，提现功能要与支付宝接口，小说需要获取版权方授权等。	今日头条（极速版）主要有两种变现方式，一是搭广告为外部商家导流，赚取广告收益，包括图文、小视频的信息流广告，以及百宝箱看广告视频金币；二是导流到自营服务版块，推广借贷、信用卡、股票、卡包、商城等。

应用练习

用商业模式设计导航路径，将你的产品与行业内代表性竞品进行对比分析

导航路径 ▲	产品航向 ▲	业务结构 ▲		所需资源 ▲		盈利模式
代表性竞品 （　　　）	竞品面向哪些用户？目前市场份额多大？主要满足用户的哪些需求？	竞品有哪些功能？使用起来体验感如何？最受欢迎的功能是什么？		竞品有哪些基于资源形成的核心优势？是拥有核心技术资源形成了产品独特功能？还是拥有强大的营销渠道资源形成了销售优势？是拥有庞大的流量获取资源形成的获客优势？又或是打通了上下游供应链资源形成了产业优势？		竞品定价多少？最赚钱的收入来源是什么？是否达到了规模经济的成本优势？
你的产品 （　　　）	我们面向哪些用户？与竞品的用户重合吗？是更精准地瞄准已有市场里更垂直细分的用户群？还是瞄准全新未被开发过的用户群？他们有未被竞品满足的需求空白点吗？	我们有哪些功能与竞品重合？是完全一样，还是有更好的使用体验？我们全新的功能有哪些？为什么竞品没有这些功能，是根本不看重此领域，还是业务逻辑与我们不同，或者是准备未来才去开发？		与竞品相比，我们无法企及的资源是什么？我们独有的资源优势是什么？我们是否能获取用户的独有资源？我们还能在外界找到哪些资源支持我们？他们为什么支持我们？		我们定价多少，与竞品相比是更便宜还是更贵？我们有没有新的不同的收入来源？成本更低还是更高？是否有第三方帮我们分担成本？如果有，与第三方如何分配利益？

第4章

设计你的商业模式

知识介绍

4.2 价值创造系统画布

商业模式的可视化呈现

商业模式对企业发展的重要性不言而喻，对于商业模式，很多人都有自己的解读。然而商业模式不是拍脑袋就可以想出来的，更多的是通过科学的工具和正确的方法进行分析和拆解，进行多次整合优化后才得出的结果。但是我们听了很多关于商业模式的案例，仍然一头雾水，不知道从哪里开始设计。有没有一种视觉化分析工具，可以把商业模式直观地展现出来呢？

> 商业模式可视化工具可以帮你把商业模式设计更简洁直观地表现出来。

> 商业模式可视化工具可以协助团队成员和其他利益关系方更好地理解商业模式设计。

> 商业模式可视化工具可以整合群体智慧，共同创新和改善商业模式设计。

商业模式画布（Business Model Canvas）是目前世界知名的战略类商业模式分析工具，它把商业模式九个关键模块整合到一张画布之中，可以灵活地描绘或者设计商业模式。瑞士洛桑大学的亚历山大·奥斯特瓦博士是商业模式创新领域的专家，他于2008年与伊夫·皮尼厄合作出版了《商业模式新生代》，提出了商业模式画布模型BMC。该书已经成为全球管理者的经典读物，并以30多种语言印刷了数百万册。

商业模式画布

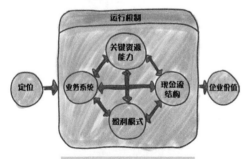

魏朱六要素商业模式模型

魏朱六要素商业模式模型是商业模式整合类顶尖理论，是由北京大学教授魏炜、清华大学教授朱武祥联合创立的整合类商业模式体系，包括定位、业务系统、关键资源能力、盈利模式、现金流结构和企业价值六个方面，六个方面相互影响，构成有机的商业模式体系。

相较于目前商业模式的分析工具，商业模式画布划分的九大模块更清晰，可操作性更强。魏朱商业模式模型则精辟定义商业模式是利益相关者的交易结构，更强调六要素之间的内在关系。如果把两个工具相互借鉴，会有更好的效果。

创业小白实操手册

分析工具　**价值创造系统画布**

如何用可视化的工具梳理及自己动手设计商业模式呢？我们在商业模式画布与魏朱六要素理论的基础上，开发出一套可视化的商业模式分析工具——价值创造系统画布。它可以帮助我们分析如何创造、传递和获取价值，并思考价值实现的过程中，信息、物质以及资金如何流动。

价值创造系统画布有九个关键模块，依次分别是：

用户画像　付费者　价值主张与价值创造链条　营销与宣传渠道　与用户的关系　收入方式　工作任务与所需资源　伙伴生态圈　支出方式

第4章 设计你的商业模式

伙伴生态圈	工作任务与所需资源	价值主张与价值创造链条	营销与宣传渠道	用户画像
			与用户的关系	付费者
支出方式		收入方式		

价值创造系统画布

视角1：为谁提供？

用户画像：企业为谁提供产品和服务？

付费者：谁为企业提供的价值买单，与用户是什么关系，付费的动机是什么？

产品刚刚起步，并没有数据参考，所以需要从定性角度入手理解用户的需求，想象用户使用的场景从为所有人做产品变成为三四个人做产品，降低复杂度。

工具：用户画像（Persona）

1. 确定人物原型（熟悉）
2. 选定用户场景（能够体验或观察）
3. 画形象图，贴属性标签（10个以上）
4. 取名（形象直观）

我们一直提到"用户"这个词，它是指使用某个产品或服务的人，只要正在使用或者用过的人都属于用户。但产品和服务不一定是自己花钱买的，有可能是免费的、赠送的、借的，付费者另有他人。例如，我们每天都会使用微信，所以都属于微信的用户，但我们用微信聊天、发文件并没有向微信付费。

因此，用户与付费者可能是同一人，也可能是不同的人，例如，亲戚朋友，或者更有可能互相不认识，只是处于不同相关利益方的位置。

用户与付费者		
关系	**付费动机**	**举例**
同一人	自己付费满足自我内心的需求，关注产品与服务给自己带来的价值	自己出钱买了一套化妆品；自己出钱买了一套游戏装备
亲戚朋友	现实生活中有亲情、爱情、友情等关系的人，一方为另一方付费购买产品或服务，付费者关注的是产品与服务给两人关系带来的价值	男朋友或老公为女朋友或老婆购买钻戒或玫瑰花；子女为父母购买防丢失手环
相关利益方	通过免费策略积累大量的用户基数，让想获得这些用户的其他相关利益方来买单。	百度搜索对用户免费，积累了大量用户，而商家需要大量在用户面前曝光的机会，愿意付费给百度进行推广

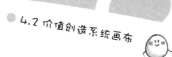

视角 2：价值主张是什么？

我们为某一用户群体提供能为其创造价值的产品和服务，解决了用户的问题或满足了用户的需求，是我们为用户提供的利益组合或集合。

价值主张是商业模式构建和创新的目标与最终实现结果。用户的需求永远都不是产品和服务本身，而是为其所创造的价值感觉。你与其他同行业企业的差异化不在于你的产品功能本身，而是给用户带来与他人不同的价值感受。价值主张不是广告口号，价值主张的定位决定了商业模式中其他板块的定位与布局。

价值主张必须反映时代的价值观，所谓"与世界共情"，意味着你和你的企业所做的事，对他人和社会是有价值的。百度公司董事长兼CEO李彦宏称"用科技让复杂的世界更简单"是百度的使命，百度人在积极地用技术去解决多种社会问题，用科技让世界变得更美好。这正是一种与世界共情的价值主张，相信技术可以改变生活，改变世界，让一切更美好，而不仅仅是一个工具。当今引领世界发展的最前沿企业谷歌、百度、亚马逊、特斯拉、苹果、Facebook等，无一不是如此。在当下，很多新兴企业都在倡导共同的价值观：解决用户和社会的痛点，精心关怀客户体验，高效利用社会资源，倡导负责任的商业诚信社会。他们都相信技术的力量，用最现代化的方式方法，让成本更低，手段更智能，品种更丰富，价格更便宜，或速度更快，服务更人文体贴。这才是企业价值主张的核心所在。

丰富人们的沟通和生活　丰富人们的沟通和生活，提升工作效率　共建全联接世界　构建万物互联的智能世界　**华为公司价值主张的演进**

价值是在信息流动、物质流动、资金流动中创造的，利用下面的价值创造链条图梳理要素输入与价值输出的过程。图中的上下游都是利益相关者，上游提供价值创造的要素，下游通过市场交易获得价值。

谁来提供　供应商　供应链交易 如何创造价值　提供什么满足方式　市场交易 如何创造价值　如何获取　用户及付费者

价值创造链条图

视角 3：如何提供？

营销渠道：如何接触客户，如何整合渠道达到最大化营销，哪些渠道有成本优势。

与用户关系：如何与客户建立联系，建立何种联系，建立这种联系的成本有多大。

酒香也怕巷子深，再好的商品或服务，也需要通过营销路径来传播。营销渠道有直接渠道和间接渠道之分。随着互联网改变了传统商业模式和规则，大量新媒体营销渠道充满机遇。但也不要盲目地跟随热点，选择合适自己的营销渠道才是最重要的。

销售渠道	自建渠道	自建线下实体店
		自建线上网点：如淘宝店铺、拼多多店铺、微店等
	合作渠道	合作方的线下实体店
		合作方的线上网店：如淘宝店铺、有赞微商城等
推广渠道	自媒体推广	自建账号，例如博客、微信公众号、微博、今日头条、抖音、快手、小红书、映客直播等
	社交平台推广	在公众社交平台发起话题讨论，例如哔哩哔哩弹幕网、豆瓣、天涯、百度贴吧、知乎等
	其他付费推广	付费给有新媒体推广的专业机构等，例如搜索引擎优化、关键词广告和竞价、信息流广告、网红达人推文或带货短视频等

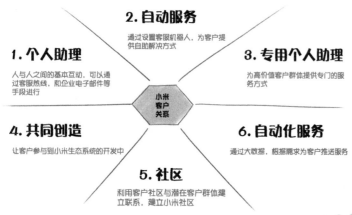

与用户的关系揭示了在销售、二次销售、售后等过程中，我们的服务标准会给用户带来怎样的体验。不同的用户定位、价值主张与渠道通路，会决定我们与用户建立何种不同的关系。我们可以问自己一些问题，例如，我们会与用户互动吗？会保持用户的黏性吗？会给用户带来便捷吗？会让用户感觉受到重视吗？

这里，以小米公司为例，剖析他们与客户的关系是如何构建的。

视角4：如何运营？

主要工作任务与所需资源：要提供我们的价值，供应我们的产品，需要完成哪些主要工作任务；所需资源也不是一次性投入的，而是在工作任务推进的各个阶段，需要不同的资源投入组合，如果该资源会影响整个商业模式的成败，那必须将其掌握在自己手里。

生态伙伴圈：有哪些可以合作的外部机构，包括战略联盟合作、供应商、采购商，以及政府等，我们可以从合作伙伴那里获取哪些资源。

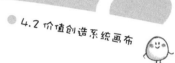

主要工作任务

制造产品
与设计、制造及发送产品有关，是企业商业模式的核心

进行销售
建立服务网络、交易平台，乃至打造品牌

提供支持
与生产、销售无关的其他支持性任务，如培训

所需资源

实体资产
包括生产设施、不动产、系统、销售网点和分销网络等

人力资源
在知识密集产业和创意产业中，人力资源至关重要

知识资产
包括品牌、专利和版权、商业秘密、客户数据库

金融资产
包括现金、信贷额度、股票期权池等

主要工作任务与所需资源匹配表

所需资源 \ 工作任务	研发	生产	建立销售渠道	进行宣传	打造品牌	售后服务	…………
人力资源							
资金资源							
市场资源							
技术资源							
…………							

第4章 设计你的商业模式

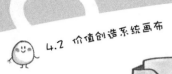

合作关系作用	降低风险和不确定性	商业模式优化和规模经济	特定资源和业务的获取
	可减少以不确定性为特征的竞争环境的风险	优化的伙伴关系和规模经济的伙伴关系通常会降低成本，而且往往涉及外包或基础设施共享	依靠其他企业提供特定资源或执行某些业务活动来扩展自身能力

在新技术应用层出不穷、产业环境日趋动荡、用户对一体化解决方案的期望越来越高的背景下，产业边界逐渐模糊，跨界合作与价值共创成为潮流，使商业生态圈成为炙手可热的概念。

想要在新的商业环境下乘风破浪，必须善于连接外部资源，优化我们所在的商业生态圈。原来赢者通吃的超级马太效应，将转变为利益共享、合作共赢的局面。生态视角下的企业优势和利润来源，背后的规则不再是零和博弈、你输我赢。它强调共赢——把饼做大，形成共生、互生和再生的利益共同体。"不追求为我所有，而是为我所用"，有效地与外部资源发生连接。

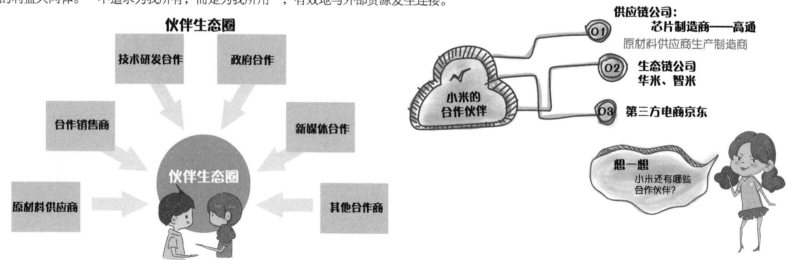

视角 5：支出和收入

支出：运营商业模式所发生的成本结构，包括固定支出、可变支出等。
收入：从客户群体获得的收益，包括一次性收入、经常性收入等。

支出报表				收入报表						
	固定支出	可变支出	其他		一次性	计时	计量	共享	免费	其他
即时				即时						
月度				月度						
季度				季度						
年度				年度						

我们着重要考虑哪些工作任务花费的成本最大？哪些资源花费的成本最大？特别是在移动互联网领域，要衡量用户获取成本。

我们着重要考虑是否有多种收入来源？哪种利润最大？哪种能带来长期稳定的收益？特别要重视现金流入的时间节点。

互联网时代常见的收入模式

卖广告	佣金抽成	电商卖货	增值服务	收费服务	金融运作
网盟广告（阿里妈妈）	天猫（商家）	慧聪网（B2B）	360 杀毒（企业服务）	阿里云服务器（功能）	花呗（借贷）
移动广告（多盟、有米）	美团（商家）	网易严选（B2C）	QQ 会员（会员特权）	友盟（技术 / 数据）	摩拜（沉淀资金）
搜索竞价广告（百度 SEM）	滴滴（司机）	淘宝（C2C）	王者荣耀（虚拟道具）	高德地图（接口）	拍拍贷（资金池）
	八戒网（威客）	直卖网（F2C）	WPS 办公软件（会员特权）	网易云课堂（知识）	
	映客直播（主播）	美团网（O2O）	百度网盘（会员特权）	樊登读书会（内容）	

启发案例

四川航空 —— 爆发千亿的商业模式

不少人都有过搭乘飞机的经验，我们通常下了飞机以后还要再搭乘其他交通工具才能到达目的地。然而，如果你乘坐四川航空的飞机到成都，降落前就会有广播通知："如果您购买的是五折以上的机票，降落后我们会有专车免费送您到市中心任何指定的地方。"当你下了飞机以后，你会看到机场外停了百部休旅车，后面写着"免费接送"。

四川航空一方面提供的机票是五折优惠，另一方面又为乘客提供免费接送服务，这一举措为四川航空带来上亿利润。我们不禁要问：免费的车怎么也能创造这么高的利润？四川航空向风行汽车买了150辆休旅车，原价一台14.8万元的商务车，四川航空要求以9万元的价格购买150台，提供给风行汽车的条件是，四川航空令司机于载客的途中提供乘客关于这台车子的详细介绍，简单地说，就是司机在车上帮车商做广告，销售汽车。每一部车可以载7名乘客，以每天3趟计算，150辆车，每年带来的广告受众人数超过200万，并且宣传效果也非同一般，以这种免费广告的形式来抵消广告费用，一举两得。另一边，四川航空以一台休旅车17.8万元的价钱出售给出租车司机，告诉他们只要每载一个乘客，四川航空就会付给司机25元作为广告收入！航空公司立即进账了1320万元人民币：(17.8万元/台−9万元/台)×150台＝1320万元。车款立即赚回来了，等于空手得了车还赚了钱。司机虽然以17.8万元高价购买了汽车，但同时成为四川航空的专线司机，获得稳定的收入来源和稳定的客户源，划算。

四川航空的千亿模式里包含了两个"价值循环"："乘客乘车、搭载的循环"和"车辆销售、购买的循环"，产生了资源整合的惊人效益！这就是商业模式的魔力。

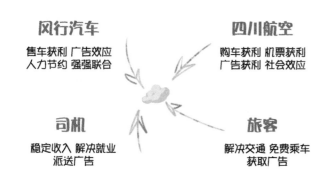

四川航空免费接送的价值创造系统画布

伙伴生态圈

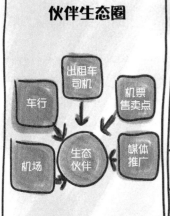

出租车司机　车行　机票售卖点　机场　生态伙伴　媒体推广

工作任务与所需资源

	与车商谈判	招募司机	购买车辆	进行宣传	开展运营
人力资源	谈判人才	人事部门	谈判人才	市场部门	
资金资源				推广费	
市场资源	品牌价值、乘客数量	品牌价值、乘客数量			品牌价值
经营管理资源	团队谈判能力	团队谈判能力			团队管理能力

价值主张与价值创造链条

给乘客带来便捷、实惠的接送机服务

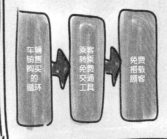

车辆销售购买的循环 → 乘客转乘免费交通工具 → 免费搭载顾客

营销渠道

直接渠道	机票销售渠道
间接渠道	车行、司机销售
自有渠道	线上线下销售
合作渠道	车行、司机合作广告效益

用户画像

用户原型	航空乘客
用户场景	下飞机后
用户标签	高净值人群

与用户关系

客户关系：自动服务　共同服务　专属服务　免费服务

付费者

是谁：司机、车行、其他广告商

与用户关系：买卖关系

付费动机：回头客流 广告效应

支出报表

	固定支出	可变支出	其他
即时	车辆购置		
月度	人工、税费	车辆运营	
季度	人工、税费	车辆维护	
年度	人工、税费	车辆检修	

收入报表

	一次性	计时	计量	共享	免费	其他
即时	车辆差价				乘客免费	
月度	其他广告费		机票			
季度	其他广告费		机票			
年度	其他广告费		机票			

支出　收入

第4章　设计你的商业模式

启发案例

哔哩哔哩弹幕网站的商业模式

创建于2009年的哔哩哔哩弹幕网站(bilibili，简称B站),是弹幕视频分享网站的典型代表,模仿最早流行的弹幕网站即日本动漫网站niconico。作为二次元圣地,B站已拥有超过1.5亿活跃用户,日视频播放量超1亿次,其商业化选择成为必然。2018年3月28日,其在纽交所上市。

据bilibili官方透露，B站现在是一个包括7000多种热门的文化圈组成的文化社区,拥有超过100万活跃的UP主。用户投稿视频每天有数万级,90%是自制或者原创的视频。

哔哩哔哩在上市前是中国最大的二次元文化社区,哔哩哔哩在其披露的招股书中将目标用户群定位为"Z世代"。"Z世代"是这样一种群体:他们倾向于有一种强烈的、不断发展的表达自己的欲望,并通过创造内容来展示他们的才华,是一群新兴的内容创造者。根据艾瑞咨询数据,中国"Z世代"人口数量约为3.28亿,占总人口的24%。"Z世代"是推动中国在线娱乐市场的核心力量。将"Z世代"和原本的二次元受众群体作对比,可以发现"Z世代"是包含二次元用户群体的一个更大的年轻群体,因此哔哩哔哩对标的网站是YouTube,YouTube和哔哩哔哩一样都是依靠用户自制的视频作为流量入口。下面,我们就以哔哩哔哩为例,画一下简单版的价值创造系统画布。

伙伴生态圈	工作任务与所需资源					价值主张与价值创造链条	营销渠道	用户画像
UP主、主播公会 平台运营商 品牌授权方		平台	数据	公会	宣传	为新生代用户提供线上创作平台与分享社区	自有平台	Z世代二次元用户群体
	人才	√		√				
	资金	√			√		与用户关系	付费者
	市场						粉丝社群	用户自己
	技术	√						

支付方式	平台维护、市场推广、版权费	收入方式	会员收费、直播打赏、视频打赏、游戏代理、周边产品贩卖、广告等

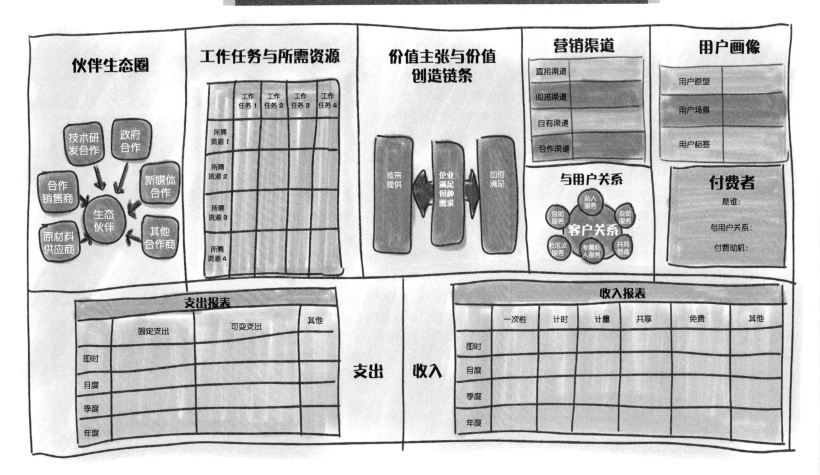

応

结合小组的创业项目，绘制价值创造系统画布

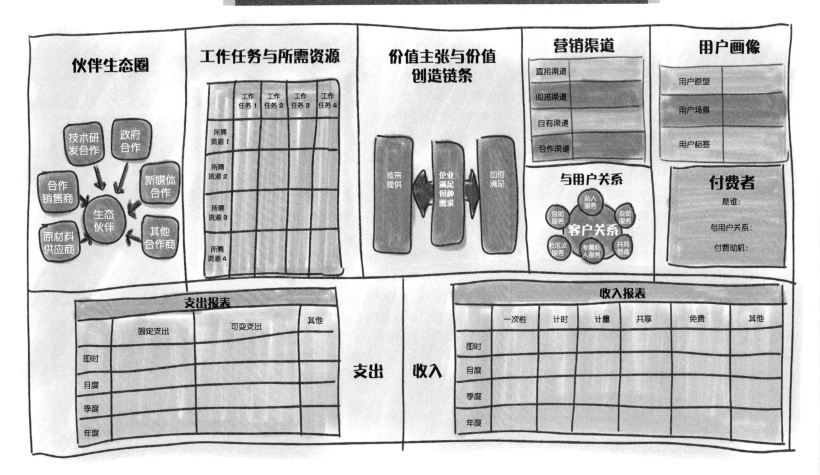

启发案例

4.3 优秀商业模式案例

博物馆+文创IP催生新业态

观复博物馆由马未都先生创办,目前已经设立北京、厦门、上海观复博物馆。观复博物馆展览侧重开放形式,强调人与历史的沟通,突出传统文化的亲和力。从北京观复博物馆1997年"开业"算起,至今已经超过22年。它是5000多个博物馆里唯一缴纳企业所得税的博物馆。其资金收入主要是门票收入、服务收入和文创产品收入。2016年,该博物馆因受到公众的认可而获得了中国博物馆行业协会颁发的全国博物馆文化产品示范单位称号。

观复猫钻进古画系列之－韩熙载夜宴图

改变博物馆业态,是观复博物馆的愿景,也是博物馆一直努力的方向。对于大部分博物馆,大家基本上去过一次就不会再去了,而有些咖啡馆、商店却会使你去了一遍又一遍都不觉得厌倦。观复博物馆决定改变这种一辈子只进一次博物馆的观念,把它改变为像咖啡馆一样可以常来闲逛并品味的地方。"现代博物馆应该不仅仅是一个展览的空间,更多的是要有一个消费文化的空间,有教育区、互动区、亲子区域。"把博物馆打造成一种集文化、生活为一体的空间,是马未都先生独特的博物馆理念。在博物馆的服务层面,马未都有着这样的设想:如果游客在博物馆里能够优雅地逛一整天,那么中午休息时,游客可以选择在馆内享受午餐。馆内将设置面积可观的休息空间供游客歇脚,游客可依自身情况选择按摩等服务。在馆内的其他放松空间内,游客目之所及,皆为展品或景观。

观复猫钻进古画系列之－簪花仕女图

观复猫钻进古画系列之－升平乐事图

观复博物馆出名的除了藏品,还有它的猫,这是一个可以"深度吸猫"的博物馆。一开始,马未都先生出于好心收留了些流浪猫在博物馆里,随着时间的推移,收留的流浪猫已经达到30多只。流浪猫机缘巧合之下成了"网红猫",他们睡的是黄花梨双龙戏珠罗汉床,坐的是清乾隆紫檀屏风小宝座,平时没事儿就上上杂志封面,或者在明晚期紫檀小凳上秀秀瑜伽,生活在满满的文化、历史气氛中,游客们在参观博物馆时和猫嬉戏的过程在朋友圈大量转发。"观复猫"一下子火了,于是观复博物馆便顺势通过一系列与猫有关的书籍、文创产品等来"讲解"中国传统文化知识,使之成为拉近年轻观众热爱中国文化传统的桥梁。

观复博物馆推出以观复猫的卡通形象为创意的团扇、椅垫、马克杯、玻璃酒杯等文创产品,还有通过观复猫讲述文物和中国文化故事的《观复猫讲文物》《观复猫小学馆——云朵朵除妖记》《观复猫演义》等一系列书籍在"观复猫+文化"的模式依托下应运而生。

知识介绍

商业模式创新

所有获得巨大成功的企业，都源于其进入了新的价值空间，也就是进行了商业模式创新。也就是说，优秀的商业模式案例，都是创新的商业模式案例。商业模式创新又被称为"改变企业价值"，即改变企业价值创造的基本逻辑以提升顾客价值和企业竞争力的活动，它可能包括多个商业模式构成要素的变化，也可能包括要素间关系或者动力机制的变化。

创新种类 无穷无尽

不同的行业有不同的商业模式，同一行业的不同企业也有不同的商业模式，同一家企业的不同阶段也有不同的商业模式。

创新产出 不断进化

我们把投入的资源转化为更高效的价值产出，这存在着无数转化模式的可能和进步空间，永远不可能有完美的商业模式。

创新进化 方向明确

提高资源转化为价值创造的效率，是商业模式创新的进化方向，如果没有朝着这个方向，套用新科技、新名词、新花样都没用。

小案例

寻宝探险题材的故事总是激动人心的，拿着藏宝图的探险家远渡重洋，翻山越岭，打败一个个竞争对手，来到一个不为人知的山洞，发现山洞里堆满了亮闪闪的财宝，它们全部属于充满梦想而最后胜利的探险家。当企业拥有更先进的商业模式，就如同拿到藏宝图，排除障碍后进入全新的价值空间。

我们以微信网上支付为例，看看企业是如何开启新的价值空间，进行"弯道超车"。借助于淘宝平台，支付宝成为几乎人人必备的网上支付手段。那么微信支付在这种情况下该如何切入市场呢？

2014年，微信启动了一个新的功能——微信红包。"恭喜发财，红包拿来"成为那年春节在微信群里最流行的一句话，互相讨要、分发几块钱甚至几分钱的红包，给人们带来不少欢乐，很多人甚至连春晚都不看了，整晚忙着抢红包。由于抢到的红包现金需要在微信上绑定银行卡后才能提取，在微信红包推出后不到一个月时间里，微信绑定的银行卡数飙升到1亿多张，而支付宝为了达到这个数字用了8年时间。微信几乎是在一夜之间，以极低的成本就实现了支付宝几年的努力。这就是微信商业模式创新的力量，它利用强大的用户基数、强社交平台与"发红包"结合，进入了支付宝从未碰触过的领域，开启了全新的价值空间。如今，微信和支付宝在网上支付领域已经是平分天下的局面。

第4章

设计你的商业模式

小案例

商业模式的创新可以是局部性的，也可以是全局性的，只要符合价值观，又能够获取需要的资源，这种商业模式创新就具备了成功的条件。因此，从点、线、面到体，商业模式创新都有用武之地。

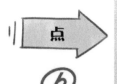

点

从商业模式的某一个要素出发

远大中央空调相比其他品牌的空调节约三分之一的能耗，但设备定价高出对方一倍，如何说服用户购买呢？

远大进行的商业模式创新为：用户不购买空调，而由远大完成全部的铺装、改造工程，并负责日常运营管理工作。由远大负责运营费用，用户只需交付之前运营费用的一部分即可。例如，一幢大楼改造前的用电费是200元／平方米，而由于远大采用技术运营成本较低（省电），可以将全部费用（含空调设备、日常运营和设备折旧费用等）控制在130元／平方米，双方即达成价格协议。如果签约为150元／平方米（客户因此降低了50元的电费支出，而远大则获得了20元的净利润），超支或节支都与用户没有关系。合同期满后，若客户认为确实节能，愿意购买并自行运营也可以，按照扣除已运行年限的折旧费用后进行出售。

寿命20年的设备，远大只需5年就可收回成本；用户不需要购买设备，还能享受到比以前更低的空调服务费用。双方的互利互惠使远大取得了巨大的成功。

线

梳理上下游产业链上的机会

中小企业B具有强势的上游原料供应商A和同样强势的下游制造商C。A要求B先付款后提原料，C要求B先交付产品后还货款，一来一去，账期很长，中小企业陷入资金困境。与此同时，银行出于风险管理的考虑要求抵押品，资产甚少的中小企业自然融资无门。这该怎么办？深圳发展银行（简称深发展）利用"三板斧"，用供应链金融创新解决了供应链融资难题。

一是巧用上游企业信用。由于中游企业B和上游企业A有良好的合作关系，而A又有很好的信用。那么，深发展可以和A、B一起签订三方协议，预先设定B为商业承兑汇票贴现代理人，代理A背书，然后B凭商业承兑汇票和保贴函银行申请贴现。深发展按照汇票贴现的金额将贴现款直接转入A的账户，A款到发货，从而解决原料供应问题。由于A已经成为背书人，所以债务转移到有强大实力的上游企业，假如发生贷款偿还问题，深发展有权向A追索债务。因此，债务的风险成功地从高风险的B转移到低风险的A。当然，这个业务系统可行的前提条件是A和B的合作关系很好，而且，A对B的债务偿还能力很有信心。

二是盘活中游企业存货。A的货物发到指定地点，由深发展的物流监管方实行24小时监管，形成存货质押融资。B每接一笔订单，交一笔钱给深发展赎货，后者就指令仓储监管机构放一批原料给B，完成这一轮的生产。

三是活用下游企业应收账款。B也可以把应收账款委托给深发展管理，深发展就可以根据这些应收账款的数额，给予B一个融资额度，B凭此额度可以获得连续的融资安排和应收账款管理服务，无须提供其他保证或抵押担保。由于应收账款的责任人是有较强实力的下游企业，其风险和中游企业相比也得到降低。

实行供应链金融以来，深发展贸易融资客户和业务量均取得50%的增长，一年累计融资近3000亿元，而整体不良率仅为0.4%。

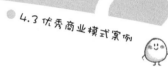

跳出原有行业局限

很多物业公司处于亏损状态，即使赢利的企业年均利润也很低。如何走出这个迷圈？

深圳市花样年物业管理有限公司(简称花样年)的主要盈利来自"社区网络服务项目收费"，包括代业主购物、购买充值卡、送桶装水、订送牛奶，甚至是旅游服务、加油卡、百货公司消费储值卡、社区电信储值卡推广等诸多服务产品，诸如此类的增值服务多达100多项。

在花样年自己管理的社区中拓展商业服务具有很多优越条件，既能保质保量，又可以节约成本，增加收入。如桶装水服务，一个小区里往往有几百家住户，他们对桶装水的需求会很多。因此，花样年和桶装水公司签订合作协议，由后者将桶装水直接送到花样年物业公司，物业公司则负责接下来的配送和分销工作。这样一来，由于省去了桶装水分销点的成本，价格自然比外面便宜，物业公司也可从中取得一定收益；另一方面，由可以信任的小区保安送到家中，业主自然乐意接受。对花样年来说，这种"社区网络服务项目收费"可跨越自身业务领域不断复制，增长潜力巨大，是其商业模式中最大的亮点。公司无须专门请人做增值服务，而是通过奖励和提成的办法，让不当班的保安和管理人员来给业主送货，既节约了成本，又给保安和管理人员提供了增加收入的渠道，还让业主觉得安全可靠，一举三得。

花样年跟随母公司整体上市，发展前景一片良好。其商业模式实际上已经突破了物业管理这个边界，这种"区域消费管理者"的新角色嫁接到了其他行业，其商业模式创新显得很有颠覆性，一开始不为竞争对手所理解，等到竞争对手反应时，其早已经确立了领先地位，让竞争对手无从追赶。

创造新企业物种

更为激进的商业模式创新是根本不考虑所在行业，而是将企业看作商业生态圈的一个物种。为了使生物更适应环境或者更好地成长，科学家会改变生物的基因，或者通过杂交等手段创造新的物种。企业也是同样的道理，如果创造出来一个全新的"物种"，则其跟任何竞争对手都有结构化差异性，可一举赢得竞争优势。

狗民网整合宠物行业资源，从单一的宠物社交平台向宠物主人综合服务平台转型，最终搭建宠物行业生态圈，满足用户在购物、公益、社交等多方面需求。凭借自身的SNS(社交网络服务)超人气社区和上游供货合作商网络，构建了一个以狗民网为用户社区，以互动营销、电子商务、线下控股加盟店为协作网络的宠物伴侣一体化服务方案运营机制。在线上，狗民网以销售食品、药品、服装等产品为主；在线下，主要以特许加盟店为主，主要提供诊所、美容、洗浴等宠物服务，形成了线上积聚忠诚目标用户，线下以低成本供货、高质量加盟店为基础，线上与线下交易相结合的商业模式。通过对上游产品供应商、物流公司、广告需求商、目标用户的资源整合，通过为顾客、生产商、广告需求商提供一体化的专业服务并创造附加价值而获取利润。

狗民网不像SNS，不像论坛，不像电子商务，不像连锁狗粮店，"四不像"的狗民网让人耳目一新。然而，"四不像"的竞争对手却是马云、软银和IDG支持的爱狗网。狗民网的运营成本仅为竞争对手爱狗网的十分之一，狗民论坛堪称国内人气、知名度和影响力最大的宠物综合性论坛，论坛日访客超过10万，日平均综合浏览量超过100万。

分析工具

商业模式创新的五大步骤

01 确认企业基因

企业基因由其最擅长的能力和最优势的资源配对而成。商业模式创新的重点在于改变企业和外界的关系，也就是重构系统，而并非改变企业基因，任何成功的商业模式创新都是以基因为起点。一窝蜂地盲目去跟随时尚，这种脱离基因的创新，对于企业而言，是一种危险的信号。

02 发现新的价值空间

如何能找到新的价值空间呢？我们从价值链、用户链、行业链三个工具进行分析。首先看价值链，将生产的各个环节拆解到足够精细，确认哪里有浪费和闲置；接着看用户链，找到未被用户言明的需求；最后看行业链，找到行业的利润流向，提前布局并超越同行。

03 破解价值锁

新的价值空间通常是被"价值锁"锁住的，如何破解呢？我们需要重新设计两个系统：一是新的运营系统，它的效率必须高于原有系统，帮助企业实现盈利；二是新的营销系统，使新的用户价值必须高于原有用户价值，帮助用户得到利益。切记不要忽略用户选择和关注的要素。

04 再造收入成本结构

互联网时代有句俗语"羊毛出在狗身上，让猪来买单"，很多企业把这当成一种梦想境界来追求。为了达到这一目标，我们要搞清楚三个问题：一是谁愿意和你分担成本；二是如何增加收入的层次；三是如何把可变成本趋于零。如在线教育，无论受众多少，其复制的成本为零。

05 形成生态系统

在新的模式中，用户通过产品服务来享受其背后衔接的整个生态系统。首先，我们从构建最小系统开始，能够在财务上独立核算的产品与其用户构成一个最小系统；接着，依次添加有助于价值空间的第三方，要么带来新用户，要么让原有用户多花钱；最后，形成统一用户体验。

124

01 确认企业基因

【小案例】企业基因对商业模式有决定性作用

咖世家（Costa）、星巴克（Starbucks）、奇堡（Tchibo）都是世界顶级的连锁咖啡馆，英国的咖世家号称拥有最好品质的咖啡，美国的星巴克说自己"一切与咖啡无关"，而德国的奇堡却在店内售卖1800余种时尚产品。都是在"卖咖啡"，它们为什么会如此不同？最常见、最不假思索的回答是："因为有不同的需求，它们在满足不同目标市场的需求，所以就有了不同的定位。"听起来似乎每家企业在创业之初就已经明确了自己要满足何种需求，然后才变成了那个样子。是这样吗？让我们看看它们的成长历史。

咖世家是由一对意大利兄弟——塞尔吉奥·科斯塔（Sergio Costa）和布鲁诺·科斯塔（Bruno Costa）于1971年在英国伦敦创办的。"意大利咖啡"在咖啡界就是正宗优质的代名词，咖世家最突出的品质也是原豆的挑选与烘焙。他们强调，咖世家总共有27个工艺流程与其他的咖啡生产者不同。据统计，英伦三岛高达90%的消费者点名咖世家为其最喜爱的咖啡品牌。

星巴克同样成立于1971年，当时只是一家咖啡豆和器具批发商，直至10年后，真正的缔造者霍华德·舒尔茨（Howard Schultz）出现，星巴克才转变为咖啡品牌。霍华德·舒尔茨生活在一个贫穷的家庭，1982年因为出差的关系，他才第一次在意大利体验到了当地咖啡馆"融融的氛围和Espresso的醇香"。正是受这次经历的启发，才有了现在的星巴克。所以，星巴克说"一切与咖啡无关"，星巴克是一种体验，是人们在工作与生活之外的第三空间。

奇堡成立时间最早，是1949年由马克斯·赫兹（Max Herz）和卡尔·舒林·希尔阳（Carl Tchilling-Hiryan）共同创立的，主要经营邮购咖啡豆业务，1955年才开设第一家门店。为了促销，他们给客户赠送咖啡罐和厨房用品，这个手段很成功。但到了20世纪70年代，德国禁止了零售商的免费赠送行为，奇堡只好把全部赠品转为销售。没想到首次推出的烹饪手册大受欢迎，在短短的几天内就售出25万本。随后不久，奇堡就在袋装咖啡旁边摆放咖啡壶和炒锅等商品，被称为商业奇迹的"奇堡模式"至此雏形初显。今天，奇堡的触角已经延伸至家居用品、旅游、金融服务乃至手机、高科技等多个领域，"没有什么不能卖的"正在成为奇堡最响亮的口号。

现在让我们回到开头的问题。都是在"卖咖啡"，它们为什么会如此不同？是由需求决定，还是由基因决定？很显然，这些咖啡品牌的经营都是由基因决定的。基因奠定了企业的生存之道，蕴藏了企业将来进一步发展的种子。

设计你的商业模式

第4章

02 发现新的价值空间

【小案例】发现价值链上的浪费和闲置

很多KTV包房晚上预订火爆，但在白天，其利用率大幅降低。同样被浪费的还有传统酒店标准间的床位、客人很少使用的浴缸等。发现价值链上的浪费和闲置，可以帮助企业发现这些流失的利润，以便进行有针对性的挽回，从而创造出新的价值空间。

【小案例】发现用户链上未被言明的需求

某公司生产各类打印耗材，属于低端制造业，由于不是知名品牌，净利润不到2%。在尝试了直营、电商渠道，甚至上门维修打印机等各种转型均告失败后，该公司开始重新审视用户链流程，看看用户的需求上是否还有创新空间。该公司发现硒鼓使用量占70%的用户是那些打印量大的窗口单位，例如银行、保险公司等，这类用户的物资采购通常是每个部门把一年的硒鼓需求量报给行政部，行政部通知供应商按时供货，货到了送到行政部验收、入库，使用部门拿着领用单来提货，提货时办理出库手续。使用部门也会把一些用完用坏的硒鼓交给行政部，年底统一由供货方回收。这个流程存在的问题是：使用部门从产生需求到实际拿到硒鼓至少要经过一周的时间，企业还要腾出专门的空间来存放这些硒鼓库存。如果思维的出发点只是如何将硒鼓售出，就不会发现用户在使用硒鼓的过程中会面临这么多的麻烦。因此，该公司重新设计了一套运营系统，用一个专门的箱子，装满一个月用量的硒鼓，每隔半个月就上门服务一次，彻底取消用户的订购环节。他们将用完的硒鼓补货，坏了的回收，没用完的检修，按月与用户结算实际消耗。这样一来，用户就不再有库存，也无须建立出入库程序，原本围绕这些工作配套的时间和资源投入就可以得到节约。再后来，该公司又与许多第三方公司开展推广合作，帮这些公司配送宣传单、优惠卡券、试用装，收取配送服务费。这个箱子变成了一个渠道，箱子里装的除了硒鼓，还有中国移动优惠卡、加油优惠卡、茶包试用装、电影院套票、时令水果和速溶咖啡体验装等。这些赠品成为用户的小福利，签领人员很高兴，该公司也多构建了额外的收入，从而能调低硒鼓价格，更有利于市场竞争。

【小案例】发现行业链上利润的流向

利乐是一个国际知名的食品包装公司，于1972年进入我国市场，其在初期市场开拓很困难。到了20世纪90年代后期，利乐包装的策略是先与伊利、蒙牛等大企业进行合作，帮他们迅速打开我国的常温奶市场，利乐也在我国市场进入超高速发展期的同时走向顶峰。那么，它是怎么跟这两家龙头企业开展合作的？

从技术角度来看，利乐包装能够有效地阻隔空气和光线，防止牛奶和饮料变质。利乐从其技术优势入手，实施了打开市场的第一步，即围绕自身基因与生产厂家产生高度黏性，并介入行业链生产下游。当时，中国绝大多数奶制品企业都可谓"初创企业"，蒙牛也不例外。初创企业最头疼的问题莫过于资金欠缺、专业能力不足、市场影响力小。利乐针对这些棘手的问题提出解决方案，与它们开展了一系列深度的合作。一是提供融资价值。乳品企业向利乐购买生产设备，只需交付20%的货款，但客户需履行若干年只向利乐购买包装材料的承诺；二是提供智力服务。利乐充当提供从生产到营销系统解决方案及辅助实施的行业咨询公司角色，提供生产技术、工艺以及市场营销指导；三是给予影响力支持。利乐利用其在饮料行业的影响力和经验，协助乳品企业谈判，建设分销网络。这一系列合作方式奠定了利乐在我国的基本商业模式。但是，光凭这些也无法根本锁定客户，因为利乐可以这样做，其他厂商也可以效仿，甚至提供更加优惠的价格。从根本上来说，利乐还是属于"包材"，属于"辅料"，还是依附在"别人价值链"上的一环。利乐的高明之处在于它的第二步，即沿行业链寻找机会，解决消费者最关注的问题，打开价值空间。利乐非常清楚地知道，食品安全是行业中薄弱又新兴的环节，是未来利润的流向。它率先在技术上构建了一个"生产过程追踪系统"，即根据包装上的识别码可以追溯产品的生产过程，通过该识别码甚至可以追溯到提供原奶的奶牛。这个系统可以使全部生产信息以数字化的形式存储下来。借助利乐的这个系统，乳品企业可以实施生产管理、绩效考核、渠道管理等。与此同时，利乐的追溯系统是带有垄断性的，乳品企业如果使用其他品牌的无菌包并希望进行生产追溯的话，就只能投入巨资自行开发一套系统，这无疑是不合算的。凭借在识别码上的创新，利乐真正抓牢了在我国的市场份额，并实现了从乳品包装制造商（生产辅材）到食品安全管理系统（生产管理的核心模块）提供者的华丽转身。这个案例也充分说明，企业通过行业链分析利润流向并提前布局，能带来巨大的经济价值。

第4章 设计你的商业模式

03 破解价值锁

【小案例】多利农庄如何破解价值锁

多利农庄于2005年在上海成立，目前是我国最有影响力的有机农业品牌之一，其建立了全国九大有机蔬菜种植基地，种植面积超过3万亩。农产品是一个很传统的行业，多利农庄是如何在这个行业中找到价值空间并顺利解锁的呢？传统模式下农场的困境在于，农业种植的前期投入大、回报期长。蔬菜收成后，经由一级代理、二级代理、零售商等多个环节才能到达用户的餐桌，冗长的物流环节导致蔬菜进入零售环节之前损耗率就高达30%—40%，进入销售环节后还有10%—15%的损耗率。高损耗造成菜价虽高，蔬菜的种植、物流、销售等每个环节的利润却都不高。

我们从价值链分析会发现，在物流环节损耗的40%—55%是被白白流失的利润。因此，值得挖掘的价值空间是降低损耗，而不是压缩中间商利润（虽然批零差价巨大，但压缩中间商并没有进入新的价值空间，而只是做了价值的重新分配，要特别注意区分）。如果企业能够找到降低损耗的方法，就能够提升利润率，并吸引投资者，为用户提供性价比更高的产品，满足企业得利和用户得益。虽然确认了存在真实的价值空间，但降低损耗并不容易，否则也不会有那么多的传统业者在困境中挣扎。要解开这道价值锁、开启新价值空间，首先需要思考为什么会有那么高的损耗，找出在哪些条件满足的前提下能够让"损耗降低到零"从不可能变为可能。条件有哪些呢？第一，要一次性搬运，减少大车与小车之间的转运；第二，减少储存时间，从采摘到送达消费者的时间控制在6小时以内，6小时之内蔬菜不会腐烂、变质或水分蒸发；第三，种出多少就能卖出多少，供需完全平衡。因为蔬菜的最佳采摘期只有1—2周，如果没有卖完，烂在地里同样造成损耗。这三个条件的组合构成了蔬菜损耗大幅降低的充要条件，接下来开始设计解决方案。条件一要求运输上一次性搬运，也就意味着农庄不能转车，只能使用小货车或面包车开进菜地，完成采摘后直接送到消费者手中。条件二要求从采摘到送达消费者的时间控制在6小时以内，可以有三种解决方案：例如，A方案是把蔬菜种在消费者触手可及的地方，如阳台种植；B方案是采取开心农场模式，让消费者到菜地来直接就地包装；C方案是将6小时除以车速，计算得出可以在城市周边200公里的范围内开设种植基地。C方案的好处是最容易实现规模化。条件三要求种出多少就能卖出多少，供需完全平衡。其关键的诀窍在于必须排除消费者的选择权，改由农场直接按人头配菜，送什么消费者就吃什么。这一做法看上去有些不可思议，但实际上大部分人已经很久没有主动和家人说自己想要吃什么了，对菜品的选择权早已交给了老人或保姆，这与将选择权交给农庄又有什么本质区别呢？

于是，多利农庄在城市周边200公里范围内开设种植基地，采取独特的"从田间到餐桌"直客式的短链流通。在初期产量较少时，由农庄自己组织车队配送。而随着产量的增加，多利引入了第三方合作伙伴，整个中间过程不超过24小时。在经营方式上，多利农庄采取会员直销的模式，会员以月、半年或年度为周期预先付费，多利的产品以"有机蔬菜箱"的形式供应上门，单位是重量和箱数。箱中的品类由多利根据当季产品和营养均衡的方式直接搭配，排除消费者的选择权。这套运营方式满足了蔬菜作为快速消费品高保鲜的要求，还绕过了各中间环节，为多利大大节省了运营成本和包装成本，过程损耗降低，资源向价值的转化效率就明显提高了。

创业小白实操手册

04 再造收入成本结构 👍

【小案例】如何找第三方分摊成本

爆炸物生产企业属于危险品行业，国家对爆炸物的运输车辆、车况、装运流程等都有非常严格的管理规范，因此这类企业承担着较高的运输成本。但从整个生产成本分布来看，运输成本并不是它的主要成本。于是，企业应当思考还有哪些第三方也在承担这些成本，而且是主要成本项呢？答案是物流公司。物流公司有时会承接一些对运输安全要求较高的业务。爆炸物生产企业可以将自己空余的运输能力与物流公司共享，高价带货，由物流公司为它分摊成本。而对物流公司来说，相比自建一套特种货品运输体系，它也更愿意以共享的方式进行高安全性运输。

【小案例】如何增加收入层次

麦当劳餐厅在供应食物时需要在餐盘上垫一张纸，这项成本已经发生。但这每一张纸在面对每一位消费者时，具备巨大的广告效应。麦当劳把这项广告价值卖给第三方，在没有新增成本的前提下实现了新的收入层次。

某家大型集团公司，下设二三十家成员企业。该集团的办公室有一项重要职能，就是帮助下属成员企业申报各种专利、认证，然后再申请政府政策或补贴等。由于工作开展得好，每年都能为成员企业带来不少营业外收入。由于具备这种能力，集团办公室完全可以用远低于行情的价格将这项服务推向市场。后来，这家集团公司向社会推出服务，帮助各种企业开展此类业务，先免费服务，获得优惠政策和补贴后再进行收入分成，这就为该集团形成了新的收入层次。

第4章

设计你的商业模式

【小案例】如何利用可变成本趋于零的优势，用免费模式切入市场

最高级别的盈利模式是企业增加产量或者服务时的成本基本为零，却有第三方顾客在源源不断地带来收入。在互联网时代，很多企业已经实现了这种模式。它们用免费的服务满足网民的基本需求，例如信息获取、社交、娱乐等，成为互联网流量及用户入口，然后在此基础上通过展示广告、付费服务、第三方分成等获取收益。以奇虎360为例，它凭借免费模式彻底改写了桌面安全市场的格局。曾经的杀毒软件市场被金山、瑞星、江民三分天下。360安全卫士免费推出后，收费杀毒软件一溃千里，颓势难免。奇虎360的产品是支付了研发成本、机房维护等前期费用的，它之所以敢推行免费，是因为它认识到互联网经济迎来了一个全新的时代，谁拥有流量和用户，谁就是市场的王者。

继360安全卫士之后，奇虎360不断强化安全的概念，陆续推出了360安全浏览器、360网购保镖、360保险箱等免费软件。在绞杀流氓软件、木马大战中，奇虎360的优异表现让传统杀毒厂商汗颜，也树立了奇虎360在用户中的口碑和忠诚度。奇虎360将这些凭借免费服务绑定的用户导入到自己的浏览器平台与应用开放平台等，推出收费的广告与互联网增值服务。360浏览器相当于流量分发中心，在浏览器的插件栏、收藏栏、常用网址推荐栏，都设置着360网址大全、360搜索入口、360游戏中心及360应用商店等入口。其中，360网址大全盈利模式主要为广告，360搜索入口主要靠流量费赢利、360游戏中心的收入来源主要为第三方公司分成，360应用商店的收入则是广告与分成兼而有之。

【小案例】苹果构建的生态系统

05 形成生态系统

苹果用户每天在苹果手机上花费大量时间是在做什么呢？他们可能会说"我在用微信""我在听音乐""我在看电影"，但问题是这些APP和苹果之间是什么关系？它们并不属于苹果公司。事实上，用户不仅是在使用苹果手机，更是通过苹果手机享用着全球几百万开发者提供的各式各样的产品与服务，这就是苹果塑造的生态系统，用户每天通过苹果手机与苹果构建的生态系统紧密互动。苹果到底为用户塑造了多庞大的生态系统呢？总结起来，大体可以分成以下六个：

第一个生态系统是广大用户最熟悉的App Store。从看菜谱、团购、在线支付到地图导航等，用户在这里可以轻松找到自己想要的应用软件，甚至发现自己从未想到过的新功能应用；第二个生态系统是电影、音乐。在欧美国家，苹果是最大的数字音乐分销商和数一数二的电影分销商；第三个生态系统是电子书。苹果是仅次于亚马逊的全球第二大电子书销售公司，尤其是在高利润的教科书品类中，销售额常年排名第一；第四个生态系统是健康。它可以自动同步苹果设备上所有健身App、手环等运动数据，使用户

可以统一管理和查阅信息，了解身体的健康状态；第五个生态系统是智能家居。用户可以通过Home Kit系统控制家里所有兼容 Apple Home Kit的配件，如灯、锁、恒温器、智能插头、自动窗帘、家电等；第六个生态系统是苹果Car play。它以车辆为中心，连接各种软硬件，实现智能驾驶。

【小案例】星期8小镇构建的生态系统

星期8小镇是国内首家针对3～13岁儿童的职业体验主题乐园，因为兼具"儿童角色扮演"的娱乐性、"儿童品牌产业平台"的商业价值和"孩子们的社会实践基地"的教育意义，从而获得消费者、品牌商家、政府以及资本市场的多重青睐。

儿童的职业体验这个创意在实施时遇到了很大困难，要想在几千平方米的场馆里搭建各种职场环境，如警察局、银行、餐厅等，设备设施的投资是巨大的。创业者想到一个非常好的解决之道——最好的模拟就是让事情真实地发生，真实的情况就是最好的模拟。例如，想要模拟银行，创业者们就找中国银行洽谈，让中国银行直接在小镇里开设一个网点来接受小朋友们存钱和取钱；要做一个建筑工地，就去找乐高合作；要模拟汽车4S店，就去找大众；要开个牛奶厂，又找到蒙牛。这种"真实的模拟"既节约了投资，又让小朋友有身临其境的感觉。借助这种方法，星期8小镇设计了包含8大领域、50多类行业的70多种社会角色，包括消防员、比萨店员、模特、新闻记者、医生、空姐、汽车4S店员、警官、加油站服务生、法院法官等充满乐趣的职业角色，儿童及家长购买门票进入小镇，可以获赠一本星期8护照以及一张面额50元的代币券。然后，孩子进入各职业场馆体验各种工作，他们通过"工作"赚取"工资"，可在小镇内购买食物、培训及娱乐服务，或者选择存入小镇银行下次使用。小镇还为孩子在护照上累计就业记录，吸引孩子成为常客。

在星期8小镇构建的生态系统中，设备方面的大部分投入是合作企业承担，小镇只需要每年进行2—3次的设备维护并更新游戏内容；租金方面，由于星期8小镇对商场来讲属于引入客流而非利用原有客流，因此场租通常可以谈到非常低廉；广告推广方面，小镇与合作的企业共同进行品牌推广、顾客的口碑宣传及常客计划等，很大程度上起到了成本分摊、事半功倍的效果；人力成本方面，除少量管理人员及财务人员，其他员工大部分由品牌企业派驻，以至于人员费用达到几乎可以忽略不计的程度。

应用练习

在互联网思维被赋予多重定义的时代，"互联网+"商业模式和传统的商业模式最大的区别在于，它不再是关于成本和规模的讨论，而是关于重新定义用户价值的讨论。商业模式就是如何创造和传递用户价值和公司价值的系统。众多创业企业爆发，各种各样的创新型商业模式出现在市场中。下面我们列举了几个具有商业模式创新代表性的品牌，请你查找更多的案例资料，指出其商业模式创新之处。

品牌	情况简介	请你指出其商业模式创新之处
百度度秘	度秘（Duer）是百度出品的对话式人工智能秘书，用户可以使用语音、文字或图片与度秘进行沟通，度秘可以在对话中清晰地理解用户的多种需求，进而在广泛索引真实世界的服务和信息的基础上，为用户提供各种优质服务。	
瓜子二手车	瓜子二手车借助电子商务主要从事二手车交易与售后服务，其运营模式是借助互联网打通买卖双方的沟通渠道，消费者个人对个人，不存在中间商，为双方创造更大获利空间。当前瓜子二手车已经实现了汽车市场的全套服务链接，增值服务涵盖汽车保险、汽车金融、维修保养等。	
多点	多点助力 B 端商超服务 C 端消费者，提高零售企业运营效率，改善消费者体验。其 Dmall OS 统一数据和业务平台，可实现模块化按需配置，帮助商家在会员、商品、营销、服务、管理和员工等零售各环节、各要素实现全面在线化和线上线下一体化。在新零售这条赛道上，不声不响的"多点"才是新零售 OMO（Online-Merge-Offline 线上与线下融合）领域的独角兽。	
小恩爱	小恩爱是全球情侣应用产品，使情侣间的沟通更有乐趣，丰富二人生活。其通过模拟现实世界情侣恋爱的情景来帮助恋人交流和沟通，包括"暂离""约会""相处"三种情景。其核心功能包括免费通话、免费短信、私密聊天、情侣社区、私密相册、远程闹钟、发送距离、纪念日和日记本等。	

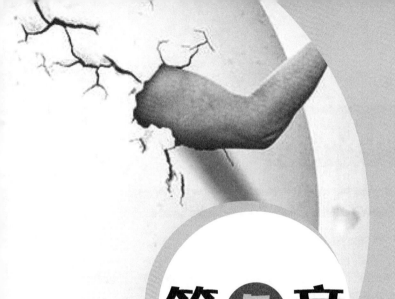

第 5 章

为创业创造条件：
团队与资源

5.1 成功创业团队的基本特征

5.2 创业团队的顶层设计

5.3 创业资源的获取与拼凑

有温度的创业

5.1 成功创业团队的基本特征

扎根贵州深山三年：这位90后小伙用一家古法红糖厂让留守儿童告别孤单

资料来源：http://www.sohu.com/a/231675487_613239

册亨县是位于贵州省黔西南布依族苗族自治州的一个国家级贫困县，其辖属的巧马镇是多个少数民族的主要聚居地之一，布依族、苗族占全镇总人口的86%。同时，巧马镇也是册亨县自然条件最为贫瘠的地区之一，75%的人口居住在石漠化山区。

2015年夏天，周建仁跟全职支教的姐姐进入黔西南的大山，来到巧马镇一个叫纳桑的小村落。眼前的景象让周建仁震撼不已：村子里几乎看不到青壮年劳动力，只剩下小孩子和老人。孩子是由老人照顾，有的家里没有老人，就是由大孩子照顾小孩子，但是这里的大孩子最大的也只是十来岁而已。看到眼前的一幕幕，当时的周建仁发誓，一定要为这些孩子做些什么。

周建仁跟当地村民交流时偶然得知，由于册亨独特的地理优势，非常适合甘蔗的种植，当地百姓用糖蔗熬制古法红糖的传统已代代传承了千年，这让周建仁产生了强烈的兴趣。在和当地村民闲聊时，周建仁了解到，虽然外出打工的人很多，但是却很辛苦，而且孩子和老人都在老家，一年到头也看不到。如果家里有份过得去的工作，没人愿意背井离乡。此时的周建仁突然明白，除了支教，自己还能为留守儿童做些什么了。

2016年3月，还没大学毕业的周建仁再次远赴贵州，他决心要在册亨建立一个沿用古法手艺的红糖厂。他跑遍了当地12个村25个组，请教当地制作红糖的老师傅，学习讨论技艺的优化，反复试验数百次，终于确定了稳定规范、100%无添加的熬糖工艺。

2017年6月，苏宁与贵州省人民政府签署战略合作框架协议，联合推动电子商务精准扶贫。随后，苏宁易购中华特色馆联合贵州电商云深入各地挖掘特色产品，推动农产品上行。周建仁的纳桑古法红糖成了中华特色馆在贵州重点扶持的产品之一。在纳桑古法红糖正式上线苏宁易购中华特色馆贵州馆之后，目前每月通过中华特色馆售出的红糖就有上千份，成为最重要的销售渠道之一。

2019年，"纳桑古法红糖精准扶贫项目"获得第五届中国"互联网+"大学生创新创业大赛银奖。该项目以精准扶贫为出发点，以特色农产品为载体，以商业手段作为运营支持，年生产古法红糖60余吨，累计销售额500余万，净利润130余万元，提供就业岗位近百个，其中更为当地40多名村民提供了直接就业岗位，使得当地人均收入达到36000元，彻底脱离贫困线。

项目被贵州新闻联播、黔西南日报、中国江西网等主流媒体相继报道，并登上湖南卫视《天天向上》、江苏卫视《一站到底》、贵州卫视《关键时刻》等知名节目的公益、扶贫、创业专题板块，成为大学生公益创业、助力脱贫的模范典型。

创业小白实操手册

知识介绍

为什么创业需要优秀的团队

美国著名的创业学家蒂蒙斯教授（Jeffry A. Timmons）提出的蒂蒙斯创业过程模型指出：创业过程是商业机会、创业团队和资源三个要素互相匹配和平衡的结果。团队是创业之本，从某种程度上说，创业团队是成功创业最核心的要素。

创业团队是为进行创业而形成的集体。它使各成员联合起来，在行为上形成彼此影响的交互作用，在心理上意识到其他成员的存在及彼此相互归属的感受和工作精神。这种集体不同于一般意义上的社会团体，它存在于企业之中，因创业的关系而连接起来却又超乎个人、领导和组织之外。

TOGETHER

一群人面临一个具有不确定性而又充满挑战的目标，一起去做一件有价值，但既有可能成功，也有可能失败的事情。

换个更有趣的定义

> 我更喜欢拥有二流创意的一流创业者和团队，而不是拥有一流创意的二流创业团队！
> ——"全球风险投资管理之父"乔治·多里特

> 领军人物好比阿拉伯数字中的 1，有了这个 1，带上一个 0，就是 10，两个 0 就是 100，三个 0 就是 1000。
> ——联想创始人 柳传志

优秀的创业团队为什么这么重要？因为创业是一个动态变化又充满不确定风险的过程。初创公司从成立那一刻起，就不断地面临产品、市场、竞争、融资等各种挑战。创业团队必须能在动态变化的环境中不断纠正航向，在不确定性中寻找到正确的方向，小步快跑，在减少试错的成本上不断改进策略。而团队成员需要有很好的互补性，优秀的团队尤其是创业经验丰富的团队可以大大降低创业失败的风险，对初创企业尤为重要。

创业的成功与失败，在很大程度上取决于创业者和团队的素质与经验。一次成功的创业，要求创业团队具备快速解决问题的能力、昂扬的创业激情及面对挫折永不言败的态度；要求创业团队有效利用手边资源，在不确定性中找到方向，用创意抓住机会，逐渐实现其价值。因此，俗话说"投资就是投人"，投资人格外看重创业成员的构成和经验。

知识介绍

创业者需要什么样的合作伙伴

寻找合作伙伴是初创企业奠定基石最重要的环节。合伙人不仅是老板，也是核心执行者。优秀的合伙人并非可遇不可求，只要目标清晰，方法得当，就能找到最佳合作伙伴。

最佳的创业伙伴最好能做到理念一致，优势互补。

理念一致：价值观、经营理念、发展目标相一致。合伙人之间有共同的价值观和认同感，朝着同一个发展目标努力。这些方面的一致有利于稳固合作关系，如果在未来创业过程中遇到问题，可以一起坚定地克服困难。

优势互补：建立优势互补的团队是创业成功的关键。优势包括了能力、性格与资源等几个方面。"主内"与"主外"的不同人才，耐心的"总管"和具有战略眼光的"领袖"，技术与市场两方面的人才，都不可偏废。创业者寻找团队成员，首先要弥补当前资源能力上的不足，要针对创业目标与当前能力的差距，寻找所需要的配套成员。这样，在创业过程中，大家能分别掌管不同的领域，才能起到事半功倍的效果。此外，创业团队还要注意个人的性格与看问题的角度，团队里必须有总能提出建设性意见和不断地发现团队问题的成员，一个都喜欢说好话的组织绝对不可能成为一个优秀的团队。

从一个完整的创业公司架构来看，运营、财务、营销与技术这几个方面应该都有能独当一面的人，因此初创者要考虑在这几个核心领域里设置合伙人，于是，首席执行官（CEO）、运营官（COO）、财务负责人（CFO）、营销官（CMO）和技术负责人（CTO）通常是不可或缺的。

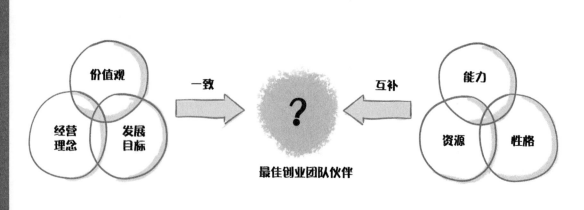

知识介绍

如何组建高效的创业团队

Step1 创业目标与计划　当我们有了一个明确的创业目标后，首先应该做的不是找人，而是制定一个创业计划，并尽可能地多方验证其是否具有可行性。

Step2 找到合适的目标对象　带着这个计划，依据前文提到的标准，去寻找合适的创业团队目标人选。

Step3 了解潜在的合伙人　通过上一步骤，一般来说只能找到外在条件相匹配的目标对象，但是价值观以及个人内心的想法，还需要进一步的了解，如潜在对象的个人情况、学习热情、专业能力等。了解合伙人喜欢什么、不喜欢什么，不仅可以明确合伙人是否与公司相匹配，还可以及时采取相应措施来防止他产生不满情绪，产生跳槽的想法。

Step4 说服合伙人　向对方展示目前公司的发展情况以及未来的计划和打算，用共同愿景去吸引对方，说服他加入创始团队。科技界有一个著名的"卖糖水"段子。乔布斯看上了百事史上最年轻的总裁斯卡利，想让他到苹果公司来一起创业。他多次拜访斯卡利，把斯卡利带到放置 Mac 原型机的房间向他展示这一项了不起的发明，然后问他："你是想卖一辈子糖水呢，还是想抓住机会来改变世界？" 最终，斯卡利在乔布斯"共同愿景"的激励下，加盟苹果公司，决心改变世界。

Step5 明晰职权，建立管理制度　创业团队组建好以后，需要以制度的形式把职权、分工及合作方式等明确下来。最好建立动态调整机制甚至是退出机制，确保创业团队始终保有活力与干劲。

成功的创业团队没有固定的模式

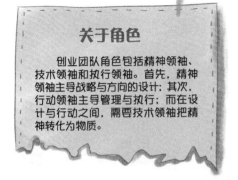

关于角色

创业团队角色包括精神领袖、技术领袖和执行领袖。首先，精神领袖主导战略与方向的设计；其次，行动领袖主导管理与执行；而在设计与行动之间，需要技术领袖把精神转化为物质。

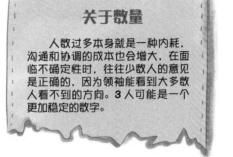

关于数量

人数过多本身就是一种内耗，沟通和协调的成本也会增大，在面临不确定性时，往往少数人的意见是正确的，因为领袖能看到大多数人看不到的方向。3 人可能是一个更加稳定的数字。

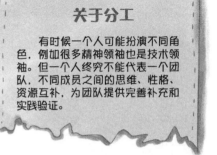

关于分工

有时候一个人可能扮演不同角色，例如很多精神领袖也是技术领袖。但一个人终究不能代表一个团队，不同成员之间的思维、性格、资源互补，为团队提供完善补充和实践验证。

分析工具

RISKING创业者素质评价模型

如何判断自己是否具备创业者素质呢？可以使用RISKING创业者素质评价模型，它包括想法、资源、目标、关系网络、知识、技能及才智等7个方面。将这七个单词的第一个英文字母组合起来就是Risking，即风险，也暗示了创业是有风险的。

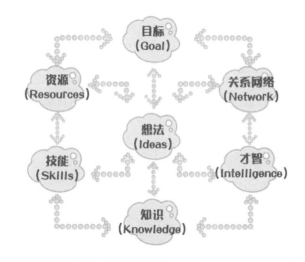

（1）**想法**：具有丰富的想象力，且能准确而生动地表达自己的想法，比别人更具创造性。

（2）**目标**：有明确的创业目标，并愿意为之付出较大的努力，有勇气和耐心实现目标并承担风险。

（3）**才智**：心态积极，能控制情绪，自律，遇事不逃避，主动解决问题，善于观察，注意细节。

（4）**技能**：具备专业技能、管理技能和行动技能，有过相应的技能运用经验。

（5）**知识**：拥有行业知识、专业知识以及创业相关知识，有着较为完备的知识结构。

（6）**资源**：有雄厚的资金和稳定的财务来源，能挖到合作伙伴，能雇佣到员工，可以获得充足的原材料。

（7）**关系网络**：具有影响他人的能力，善于与陌生人打交道，与各行业企业有联系。

RISKING 创业者素质评价模型七个方面的关键词

想法	目标	才智	技能	知识	资源	关系网络
市场	方向	智商	专业	行业	项目	合作者
价值	确定	情商	管理	商业	资金	服务对象
可行	集中	财商	执行	法律	团队	渠道
创新	执着	挫折商	领导	财务	其他	媒体

创业小白实操手册

应用练习

用RISKING创业者素质评价模型判断是否找对了合作伙伴

我们基于RISKING创业者素质评价模型的七个方面，设计了以下表格，帮助判断你是否找到合适的合作伙伴。请你根据实际情况，选择最符合他/她特征的描述，在相应的单元格里打钩，然后统计各选项总数。

要素	具体描述	A 非常符合	B 比较符合	C 不确定	D 不太符合	E 很不符合
想法	他/她的想法通常比别人的更有价值，更有创造性					
	他/她具有丰富的想象力，并能把这些想法准确而生动地表达出来					
	他/她的想法并不是天马行空、泛泛而谈，而是切实可行的					
目标	与打工相比，他/她更渴望有一份属于自己的事业，哪怕付出较大代价也愿意为之奋斗					
	有一个很明确的创业目标，有耐心和勇气去实现					
才智	他/她每天都怀着积极的态度面对遇到的每一件事					
	他/她更倾向于主动把握契机和解决问题，而不是处于被动局面					
	他/她知道如何控制自己的情绪，不逃避、不放弃、不找借口、不归咎于其他人					
技能	对即将创业的领域，他/她有很好的专业背景和技术					
	他/她有过相关的实践经验，并有团队组织管理能力					

第 5 章

为创新创业创造条件：团队与资源

（续）

要素	具体描述	A 非常符合	B 比较符合	C 不确定	D 不太符合	E 很不符合
知识	了解创业项目的行业状况、竞争状态和相关法律法规等					
	掌握创业管理知识和专业技术知识，并有持续学习的能力					
资源	他/她拥有特殊的原材料、销售渠道等资源，而这些资源对创业项目来说不可或缺					
	他/她有合适的途径募集到项目资金					
	他/她的人脉能挖掘到理想的团队成员					
关系网络	他/她善于向媒体公众推销自己的想法，吸引别人的注意力					
	他/她与行业内竞争者更容易实现合作，而不是斗争					
	他/她与利益相关者，如上下游企业、政府、金融机构等有良好关系					

根据选项最多的结果，看看他/她的创业潜质是否适合加入你们团队：

A型：他/她适合创业和守业。如果他/她能全身心地投入创业事业，机会将是无限的，就看他/她如何把握了。

B型：他/她适合创业且比较符合创业的要求，但还需要不断地去完善自己，来保证自己与团队的发展同步。

C型：他/她具备一定的创业素质，但由于缺乏信心没能认清楚自己的这种能力，外界的影响会左右他/她的选择。

D型：他/她有创业意识但却不愿意创业，在风险和安稳之间他/她更倾向于后者。

E型：他/她不适合创业或根本就没想过创业，规避风险，倾向于安定生活，不善开拓，更适合做上班族。

创业小白实操手册

知识介绍

5.2 创业团队的顶层设计

为什么要设计股权

股权是指是有限责任公司或者股份有限公司的股东对公司享有的人身和财产权益的一种综合性权利，是股东基于其股东资格而享有的，从公司获得经济利益，并参与公司经营管理的权利。简而言之，股权叠加了股东对财富和权力的双重诉求。

可以毫不夸张地说，股权设计是创业团队的顶层架构。尽管法律、财税这些"硬规则"很重要，但股权的真正内核其实是"人性"。印度作家普列姆·昌德有句名言："财富带来痴迷，权力带来疯狂。"糅杂着"钱"与"权"的股权注定是最能展现人性痴狂且极具故事性元素的领域。对于创业者来说，无论是股权合伙，还是股权激励，都是在激发人性中的梦想。所以，股权是有"灵魂"的，股权设计的最终目的是为企业运营输送源源不断的、最原生的动力。

在创业发展的不同阶段，创业者都会面临股权架构设计问题。

—— 团队创业第一天，就会面临股权架构设计问题（联合创始人股权设计）。

——公司早期要引入天使资金，会面临股权架构设计问题（天使融资）。

——公司有几十号人，要激励中层管理与重要技术人员和公司长期走下去，会面临股权架构设计问题（员工股权激励）。

——公司需要招兵买马，加速发展，引入A轮、B轮、C轮投资人以及IPO时，会面临股权架构设计问题（创业股权融资）。

——公司足够牛，需要把小公司做大，把老企业做新，也会面临股权架构设计问题（资本结构优化）。

知识介绍

初创企业的股权设计

初创企业股权设计原则

1. 股权一定不能太分散。如果没有一个股东决策权超过50%，公司可能会长期无法形成有效决议。
2. 主动权一定要掌握在创始人自己手里，不要轻易把主动权交给投资人。
3. 合作伙伴的股权制度应该按照价值来划分，而不是靠情谊。
4. 股权分配要有法律意识，在充分了解法律对不同股权比例的权益保障后再决定股权分配。
5. 设定合作伙伴退出机制。依靠协议来保障权益。

在苹果没有熟的时候，就制定分苹果的游戏规则。

—— 联想创始人 柳传志

创业小白实操手册

67%

完美控制线

持股比例67%，绝对控股。一般事项和修改章程、增资扩股等重大事项都由该股东（或者几个股东约定的一致行动人）说了算。

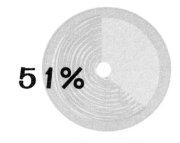

51%

绝对控制线

持股比例51%，实现相对控股，即多于1/2。一般事项可以由该股东说了算，如任命董事、对外投资担保等。

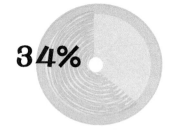

34%

否决捣蛋线

持股比例34%，如果一个股东（或几个小股东加在一起）的股东没有超过34%，没办法说了算。但有一票否决权，有权否决股东会提议。

10%

申请解散线

持股比例10%，超过公司10%的股东（或联合起来超过10%）有权要求召开临时股东大会。也可以提议解散公司。

知识介绍

初创企业股权设计容易产生的问题

创业早期，应采用简单的股权架构，一般为3个股东，最多不能超过5个，其他人可以代持。其中，一定要有"带头大哥"。因为在早期，创业公司一定要有一个人来拍板，到关键点一定要有人快速决策。

"带头大哥"的股权比重应当与其贡献匹配。以"罗辑思维"为例，罗振宇是"带头大哥"，付出很多努力，但罗振宇在公司中只占股18%不到，而另一股东申音却占股82%多，这样的股权分配对创始合作伙伴来说非常不合理。当然，预留合作伙伴期权池会是一个比较好的解决方法，如申音可以预留20%的期权池给罗振宇，双方达成共识，未来如果罗振宇将企业做到一定的高度，这20%可以无偿转给罗振宇。

一些常见的股权分配模式有：70%:30%和60%:40%（两个股东）；60%:30%:10%和51%:30%:19%（三个股东）。这些分配比例中，大股东与二股东拉开一定的股权比例差距有助于公司决策，避免公司僵局。

下面我们列出了一些常见的股份分配方案以及可能导致的问题。

股份分配方案

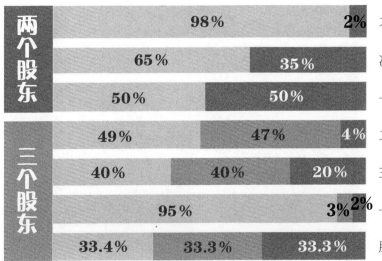

两个股东	
98%	2%
65%	35%
50%	50%

三个股东	
49% 47% 4%	
40% 40% 20%	
95% 3% 2%	
33.4% 33.3% 33.3%	

可能导致的问题

不利于调动其他股东热情；对大股东缺乏制衡机制，容易出现决策失误。

决策时容易被小股东一票否决（需要67%才可以通过的事项）。

一旦股东出现意见分歧，容易陷入一个无法决策的僵局。

二股东和三股东容易联合起来对抗大股东。

三股东成了大股东和二股东争抢的对象。

一股东独大，二股东和三股东没有任何话语权，没有任何制衡机制。

股东一旦出现意见分歧，容易陷入一个无法决策的僵局。

第5章 为创新创业创造条件：团队与资源

分析工具

控制权设计工具

- 所有权
- 分红权
- 表决权
- 公司净资产增值权
- 选举管理权
- 建议与质询权
- 知情权
- 诉权
- 剩余资产分配权
- 优先认股权

股权一点都不简单，它包括很多权利，如左图所示。但总结起来最重要的就是两大类：财产权（钱）和话语权（权）。钱与权可以合二为一，也可以分而治之。

创始人最应关注控制权（表决权），所以在做股权架构设计的时候必须考虑到创始人控制权，能在经历两三轮稀释后依然能对公司拥有控制权。

合作伙伴最关心的是，当创始人一意孤行的时候，自己手里有没有制衡的办法？例如，表决权超过（或合起来超过）10%，就可以召开股东大会，超过34%，就有了一票否决权。

核心员工的诉求是分红权，在早期做股权架构设计的时候需要把这部分股权预留出来，等公司处于快速发展阶段时，期权就能派上用场（通常建议初次分配完之后同比例稀释预留10%-25%）。

投资人追求高净值回报，对于优质项目，他们的诉求是快速进入和快速退出，所以在一定程度上说，投资人要求的优先清算权和优先认购权是非常合理的诉求，需要创始人予以理解，但也需要对其可能产生的后果有充分认识。

创业小白实操手册

不同团队成员对股权的期望不同，在实际中创始人很难独自掌握67%（完美控制线）的股份。**下面，我们从创始人如何获得控制权的角度，介绍几种常用的控制权设计工具。**

一致行动人

联合几个股东建立"小股东会"，每次先在"小股东会"上讨论出一个结果，再在股东大会里抱团一致对外。如果有人违背一致行动人决议，将会受到约定惩罚条款的惩罚，如罚金、赔偿股份等。

委托投票权

说服持股较少的股东在股东大会召开之前，用委托投票权的方式，将表决权授权给最大的股东，以方便形成公司的实际控制人。

AB双层股权

管理层试图以少量资本控制整个公司，减少被投资者控制的压力，管理层持有B股，每股有N票的投票权；一般股东持有A股，每股只有1票的投票权。B股一般流通性较差，一旦流通出售，即从B股转为A股。

事项	量分	理由
初始基数	100	我们给每个创始人 100 份初始股作为计算基数
担任项目发起人	+20~50	项目发起人可能是 CEO，也可能不是 CEO，但如果是他发起了项目，召集大家一起来创业，他就应该可以额外得到更多股权
迈出第一步	+20~100	如果某个创始人提出的概念已经着手实施，如已经开始申请专利，已经有一个演示原型，已经有一个产品的早期版本，或者其他对吸引投资或贷款有利的事情，那么这个创始人应该可以额外得到更多股权。
担任总经理	+10~50	CEO 作为对公司贡献最大，并最终负责的人，应得到更多股权。
全职创业	+200~300	全职创始人工作量更大，而且项目失败的情况下冒的风险也更大。因此，所有全职工作的创始人都应当额外得到更多股权。另外我们认为，项目发起人全职创业是很有必要的。
有投资信誉	+50~300	如果创始人是第一次创业，而他的合伙人里有人曾经参与过风险投资成功了的项目，那么这个合伙人比创始人更有投资价值。在某些极端情况下，某些创始人会让投资人觉得非常值得投资，这些超级合伙人基本上消除了"创办阶段"的风险，所以应该额外得到更多股权。
现金投入者：参照投资人股权份额		这个表格第一栏的初始状态是假设每个创始人都投入了等量的资金，构成了最初的平均分配。如果某个投资人投入的资金相对而言较多，那么他应该获较多的股权，因为最早期的投资，风险也往往最大，所以应该获得更多的股权。现金投资可以参考投资人的股权份额计算：例如公司第一次融资时合理估值大概是 50 万元，那么投资 5 万元的人，可以额外获得 10%。
综上所述，做好计算		**把所有股东的计算结果加和，得出分母。把每个人的计算结果作为分子，即可计算每人的持股比例。**举例，若 3 个股东计算总额分别是 800、400、200，则分母为 1400，三个人的持股比例分别为：57.1%、28.6%、14.3%。

第 5 章

为创新创业创造条件：团队与资源

应用练习

设计你们团队的股权结构

必做练习

请为你的创业团队设计股权结构，并写出分配依据。

创业小白实操手册

人员	股份比例	分配依据
合计	100%	

社会创业的团队架构如何设计

　　值得注意的是，如果你立志于公益创业，那么团队架构就与我们前面所讲的有限责任公司股权设计有所区别了。我们对公益组织、慈善组织和社会组织这些词语耳熟能详，在第二章我们又提到了"社会企业"的概念，即旨在解决社会问题、增进公众福利，而非追求自身利润最大化的企业，投资者拥有企业所有权，企业采用商业模式进行运作并获取资源，投资者在收回投资之后也不再参与分红，盈余再投资于企业或社区发展。这些名词之间到底有什么区别与联系？我们进行公益创业的团队架构又应该如何设计呢？

社会企业　根据《中国慈展会社会企业认证办法（试行）》，对社会企业是通过认证后进行孵化和扶持。社会企业可以是合法登记注册的企业，也可以是社会组织，只要满足以下条件（1）经营执照上登记日期至今需要超过2年以上；（2）有具体明确的社会目标，即促进就业、扶持特殊群体或解决其他特定社会问题，包括但不限于扶贫、教育、医疗、养老、环境保护、农业、食品安全等；（3）超过50%的收入来自于商品销售、贸易或服务项目收入（包含政府采购部分）；（4）章程规定机构每年用于分配的利润不超过年度利润总额的35%（社会组织的利润全部用于组织的宗旨和目的）；（5）有专职受薪人员进行内部管理和经营活动，两年以上合格纳税记录。

慈善组织　根据《中华人民共和国慈善法》，慈善组织是指依法成立、符合本法规定，以面向社会开展慈善活动为宗旨的非营利性组织。慈善组织可以采取基金会、社会团体、社会服务机构等组织形式。根据《慈善组织认定办法》，申请认定为慈善组织，应当符合下列条件：（1）申请时具备相应的社会组织法人登记条件；（2）以开展慈善活动为宗旨，业务范围符合《慈善法》第三条的规定（扶贫、济困；扶老、救孤、恤病、助残、优抚；救助自然灾害、事故灾难和公共卫生事件等突发事件造成的损害；促进教育、科学、文化、卫生、体育等事业的发展；防治污染和其他公害，保护和改善生态环境；符合本法规定的其他公益活动）；申请时的上一年度慈善活动的年度支出和管理费用符合民政部门关于慈善组织的规定；（3）不以营利为目的，收益和营运结余全部用于章程规定的慈善目的；财产及其孳息没有在发起人、捐赠人或者本组织成员中分配；章程中有关于剩余财产转给目的相同或者相近的其他慈善组织的规定；（4）有健全的财务制度和合理的薪酬制度；（5）法律、行政法规规定的其他条件。

公益组织　公益组织又被称为社会公益组织，目前并不具有统一的法律定义，是一种民间的称呼。较为普遍的看法是，社会公益组织是合法的、非政府的、非营利的、非党派性质的、非成员组织的、实行自主管理的民间志愿的，且以社会公益事业为主要追求目标的社会组织。从广义上讲，我国的公益组织包括依法设立的公益性社会团体和公益性非营利的事业单位两大类。其中公益性社会团体主要包括基金会、慈善组织等社会团体；公益性非营利的事业单位主要包括教育机构、科学研究机构、医疗卫生机构、社会公共文化机构、社会公共体育机构和社会福利机构等。

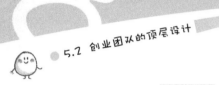

社会组织

社会组织目前也没有统一的法律定义，只有从《社会团体登记管理条例》《民办非企业单位登记管理暂行条例》《基金会管理条例》等法规中，归纳出社会组织涵盖社会团体、民办非企业单位（现改称社会服务机构）、基金会等形式。简单地说，其第一个基本属性是非营利性；其第二个基本属性是民间性、自愿性、自治性即非政府性；其第三个基本属性是公益性或互益性。例如，冠以协会、学会、研究会、商会、促进会、联合会等名称的，基于一定社会关系形成的会员制组织 — 社会团体；由民间出资成立的，直接提供各种社会服务的各种民办学校、医院、福利机构等非会员制组织 — 民办非企业单位；基于一定财产关系而形成的财团性组织—基金会；部分中介组织和社区活动团队等。

如果我们从事公益创业，要根据项目的具体内容与性质，选择合适的组织形式，可以是社会团体、社会服务机构，甚至可以是企业，然后可以去申请认证慈善组织或社会企业。同时，根据我们选择的组织形式，建立团队架构进行运作。如果是非公司形式的社会组织，组织架构通常为理事会——战略决策层、秘书处——执行决策层，还可以有专业委员会——智库层。

【小案例】中华慈善总会成立于1994年，是经中国政府批准依法注册登记，由热心慈善事业的公民、法人及其他社会组织志愿参加的全国性非营利公益社会团体，目前在全国拥有273个会员单位。宗旨是发扬人道主义精神，弘扬中华民族扶贫济困的传统美德，帮助社会上不幸的个人和困难群体，开展多种形式的社会救助工作。

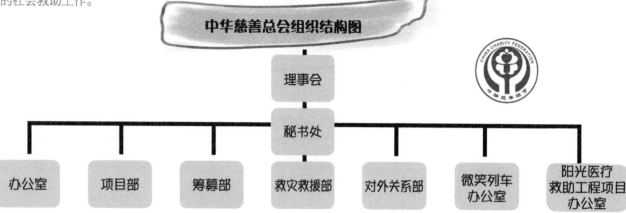

中华慈善总会组织结构图

有温度的创新

5.3 创业资源的获取与拼凑

乡建社——全国设计类大学生助力乡村建设领导者

乡建社是全国首个策划并引导设计类大学生助力乡村建设的组织机构，成立于2015年，是浙江省城市规划学会内设机构。项目来源于乡村建设的现实困境：一方面，目前量大面广的乡村建设面临着缺规划、缺指导、缺资源的"三缺"困境；另一方面，全国数十万的设计类大学生这个群体却由于缺乏渠道难以迈进"乡建"大门，在象牙塔内"闭门造车"。为此，带领大学生投身乡村建设就成了乡建社的初心与使命。五年来，乡建社发动了9000余名大学生走进5省130多个村庄，探索出大学生"三步"助力乡村建设新模式。第一步，组织乡村规划创意竞赛，解决乡村建设缺规划难题。与高校课程设计相结合，使学生在老师的指导下创意设计。改变设计类大学生课程"假题假做"现状，增强学生设计实践能力，并且为村庄优选了设计方案。第二步，引导大学生陪伴建设，解决规划方案缺指导难题。在乡建社统一协调下，各入选方案团队与相关村委、施工单位结对，组织专家对方案编制团队进行培训，引导其驻村指导建设，助力竞赛入选的优秀方案得以落地。第三步，推广乡村特色品牌，解决乡村发展缺资源难题。乡建社通过线上线下各种渠道推广乡村的特色产品、旅游资源等信息，多方对接筹措村庄发展资源。乡建社有着来自不同高校的核心团队和超过40人的专家队伍。创始人程正俊来自乡村，有着深厚的乡村情结，专业基础扎实。目前，乡建社已经和50多个地方政府，11家设计单位、20所高校达成合作。五年来，乡建社撬动了乡建资金近6亿元。60多个村旧貌换新颜，增加村庄硬化道路长度120公里，建设村民活动中心33座、幼儿园及小学18所、公厕78个；40多个村产业转型升级，潘周家的"一根面"、新昌炒年糕等乡村特色产品家喻户晓；20多个村获得了省、国家甚至是联合国大奖，镜岭镇获得了"联合国地球卫士奖"，是浙江千万工程典范。与此同时，锤炼了成千上万名未来乡村规划设计师，用人单位纷纷点赞，参加乡建社的活动已成为学生就业面试时的金字招牌。乡建社已形成广泛的社会影响力。在民族复兴、乡村振兴的伟大征程中，乡建社的星星之火正在祖国大地上成燎原之势。

老屋的新生——2018年"莉案湾乡建大赛"调研现场

第5章 为创新创业创造条件：团队与资源

知识介绍

创业资源有哪些

创业资源是新企业在创业的过程中所投入和利用的各种资源的总和。它包括经营管理资源、人力资源、财务资源、市场资源、政策资源、信息资源、科技资源等直接和间接的资源。

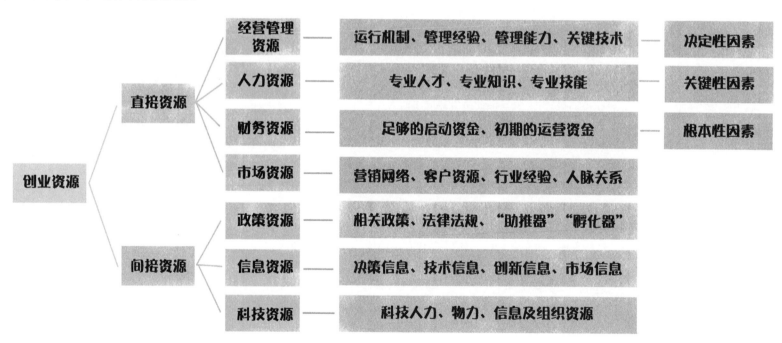

创业资源对创业的影响是巨大的，不管是人力、财务和市场资源，还是政策和信息资源，都能给创业带来很大的推动作用。对创业者而言，获取创业资源的最终目的就是组织这些资源，利用好创业机会，获得创业的成功。

创业小白实操手册

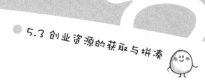

知识介绍　　　　**创业资源从哪里获取**

创业资源的获取是指在确认和识别资源的基础上，利用其他创业资源或途径取得所需资源并使之为新企业服务的过程。不同的创业资源可能需要不同的获取途径，同一资源获取方式也可能获得多种资源。

创业资源获取的途径，从获取来源区分可分为外部获取和内部开发两种方式。新创企业资源匮乏，大部分为非核心资源，如资金资源，应当从外部获取。而核心资源，则需掌握在团队自己手里，应当优先在团队内部开发获取。

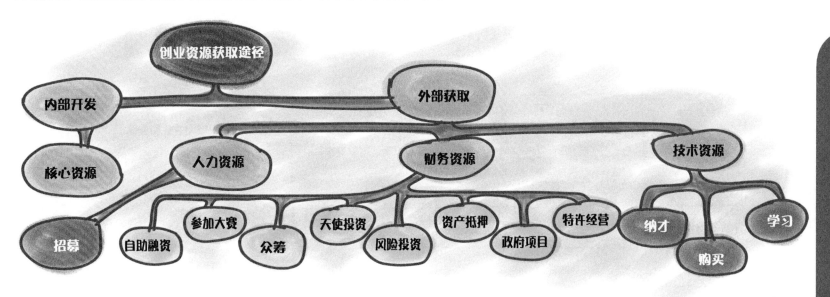

创业资源的获取对大学生创业而言至关重要。相对于已经进入社会的创业者而言，大学生创业者在经验、技术、资金等方面存在一定的劣势。大学生获取资源的关键是要积极拓展社会关系，并充分利用一些有利的条件（如国家政策支持）。

第5章　为创新创业创造条件：团队与资源

知识介绍

众 筹

众筹，即大众筹资，也叫群众筹资。目前我们谈及的众筹主要是指互联网时代的众筹。

互联网众筹是指创业者、其他组织或个人通过众筹网站平台展示自己的创意和项目，争取支持和关注，进而获得资金援助。截至2019年，我国处于运营状态的众筹平台近150家，分为权益型众筹平台、股权型众筹平台、会籍型众筹平台和慈善型众筹平台。

例如，权益型平台主要是为新产品进行众筹，其众筹规则是：在设定天数内，达到或者超过目标金额，项目即成功，发起人可获得资金；筹资项目完成后，支持者将得到发起人预先承诺的回报，回报方式可以是实物，也可以是服务，如果项目筹资失败，那么已获资金全部退还支持者。

目前国内外知名的众筹网站

众筹三要素

类型	特点	平台
权益型众筹平台	投资者为公司提供资金，从而获得产品与服务。创业者可以公开产品计划以获得认可、筹措够资金再开始生产，降低风险。	苏宁众筹、京东众筹、摩点众筹、开始吧、小米众筹、淘宝筹
股权型众筹平台	以被投资项目的股权或资产收益为回报	Angelist、天使汇、第五创、人人创、聚募网和众筹客
会籍型众筹平台	以加入某个会员俱乐部为回报	3W 咖啡
慈善型众筹平台	一般为社会公益项目，没有回报	轻松筹、水滴筹

展示发起人创意项目，吸引关注和资助

众筹平台

筹资人

有创意，缺资金

公众

对发起人的项目有兴趣，有资助能力

创业小白实操手册

【小案例】文创与众筹"相遇" 将创意变为生意

作为一种新型融资模式，产品众筹是国内诞生最早，同时政策风险、投资风险最小的众筹类型。其低门槛、多样性、注重创意等特征，使得产品项目可以在短期内获得资金支持，加速创意研发的成果转化。

文创产品并不是刚需消费品，因此挖掘用户的需求和喜好就显得尤为重要。做文创绝不能闭门造车，在设计研发时就必须有市场嗅觉，认真考虑这些问题：当下的年轻人喜欢什么？为什么他会喜欢？他为什么付费？

文创产品有着适合众筹的天然属性，原因就在于人们在参与和回报的过程中有"晒"和"秀"的欲望，他们既可以是一款创意设计的投资者，也可以是体验者、传播者、消费者。对于创意设计者来说，众筹不单单是一个募集资金的"存钱罐"，更是一块检验产品市场认可度的"试金石"。有多少人点赞、有多少人参筹，就能看出这款产品的设计对不对路子。

项目一：我是柠檬鸟——酸酸精就是我	项目二：《魔道祖师》官方合作首饰信物	项目三：10°微醺"腮红酒"
所在平台：摩点众筹	所在平台：摩点众筹	所在平台：开始吧众筹
预期融资额：5000元	预期融资额：50000元	预期融资额：1000元
实际融资额：18774元	实际融资额：145204.43元	实际融资额：33304.90元
支持人数：53人	支持人数：279人	支持人数：52人

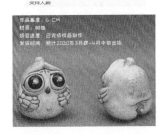

分析工具

资源拼凑

资源约束的三种选择

多数新创企业都具有"新生弱性"，即缺乏足够的资本、物质或专业人员、开发机会等。资源约束成为许多新创企业发展中的常态。

面对资源约束，新创企业通常有三种选择：

资源搜寻	◆ 借款、招股 ◆ 有时迫于时间压力，会错失创业机会
维持现状 放弃现有机会	◆ 缩减企业规模 ◆ 解散创业团队
资源拼凑	◆ 突破资源约束 ◆ 重新整合和构建手头资源

第三种选择——资源拼凑，就是受资源约束的企业为了解决新的问题，整合手头现有的资源，以及通过现有社会网络关系获取的资源，根据新目的进行评估、筛选、分类和设计，以完成资源重组、创造利用的行为。资源拼凑作为一种资源贫乏克服手段与方式而普遍存在于创业型企业。

简而言之，无须等待所有优质资源聚齐，现在就开始应用能够找到的资源，重新组合起来，将就、凑合地抓住新机会、解决问题。

资源拼凑 MRR 三模式

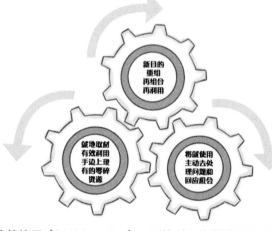

将就使用（Making Do）： 不管手上资源是否有优势，主动去处理问题和回应机会，只要拼凑的资源能真正奏效就行，而非拖延至获得最合适或最适当资源才采取行动。

就地取材（Resources Hand）： 有效利用手边上现有的各种零碎资源去解决问题，而这些资源可能相当廉价，甚至是免费的，因为它们通常被他人视为无价值或用处，因此也相对容易获得。

新目的重组（Recombination of Resources for New Purposes）： 突破原有用途，根据新目的产生，进行资源重组，产生新的用途。

【小案例】小成本大制作背后的"拼凑资源"

电影的"大制作"以豪华的演员阵容、震撼的视觉效果、精美的后期制作、广泛的电影宣传等高成本的资源投入让观众形成高期待。但这种方式风险极高，一方面制造商试图通过堆砌优质资源吸引市场关注，但往往会分散对于电影内容本身的关注，很多大片并未因此获得良好的市场口碑。另一方面，随着电影市场的热度提升，电影制作成本持续走高，扣除电影票房分账后，留给制造商的利润所剩无几。因此，越来越多的大片出现"高投入、低回报"的现象，使高成本电影成为"烧钱"电影。

对于小成本电影而言，资金的短缺迫使其在演员、场面、营销等方面不可能有额外支出。此时，小成本电影导演及其制作团队可提高对于资源的敏感性，运用拼凑策略帮助小成本电影摆脱对特定资源或资源拥有者的依赖，通过资源组合，丰富组织能力，甚至开拓出新的组织能力，以较低资源成本获得相对满意、甚至是意料之外的成果。

新媒体网络小成本电影《道士出山》在拍摄完成后，导演张涛没有资金请专业公司制作200个特效镜头。为低成本、快速地完成该片的制作及发行，他在网上几百个原创视频中挑选出了一个颇有想法的作品，并联系它的主人——四川音乐学院动画制作系大三学生胡珏，以极低的酬劳请其制作特效镜头。最终，这部剧本投资仅28万元，不到一周写完，筹备10天，拍摄10天，后期制作15天的电影，上线2天便收回了成本，10天票房破300万元。

在电影制作工业化水平逐步提升的背景下，将电影制作的各环节进行拆分，利用"零成本、零距离"的互联网平台，将过去"高成本、远距离"的全球资源进行快速、低价的整合，实现跨地域协同创作，颠覆了传统电影工业的固有模式，以"有组织的行动"代替"无意识的冒险"，降低影片制作成本。

随着电影热潮的升温，一批整合文化创意资源的创业平台也开始涌现。这些平台为小成本电影提供了低成本的电影制作、发行、营销等渠道，为小成本电影快速整合"廉价"资源提供了新可能。

第5章 为创新创业创造条件：团队与资源

【小案例】员工可外租：新冠肺炎疫情下的餐饮企业资源整合

2020年初开始的新冠肺炎疫情席卷全国，对人们生命健康和各行各业均产生了极大的影响。因疫情凶猛，为降低感染疾病的可能性，人们被迫在室内隔离，并减少甚至杜绝外出。城市街头少有行人，即使有也是佩戴口罩、行色匆匆，尤其是避免去人群聚集的场所，餐饮业的影响首当其冲。

知名餐饮企业如西贝、老乡鸡、九毛九、乐凯撒等纷纷发声，谈到了受疫情影响严重的行业情况和公司面临的现金流紧缺局面。其中，西贝餐饮董事长贾国龙受访表示，全国60多个城市400多家西贝莜面村堂食业务基本都已暂停，只保留100多家外卖业务，预计春节前后的一个月时间将损失营收7~8亿元。而西贝当前2万名员工，一个月工资1.56个亿，账上的现金加上贷款最多也只能再发3个月工资。

由于人们响应居家隔离的号召，近半个月来基本宅家做饭，一些果蔬超市及食材电商的生意则出现了爆发式增长，甚至哄抢的情形。生鲜超市盒马的生意异常红火，门店一度出现了需求大幅度增长的情况，小二一天补货七八次才能满足需求，送货人手严重紧缺，甚至出现盒马小哥全身挂满菜送货的情况。

一方面是餐饮行业存在待岗人员，另一方面则是商超生活消费行业人力不足。如何解决这个不对称的难题？盒马出招了：向云海肴、青年餐厅（北京）等餐饮企业租用员工！

2020年2月3日，盒马宣布联合知名餐饮企业北京心正意诚餐饮有限公司，合作解决疫情期间旗下云海肴、青年餐厅待岗人员问题。这些餐厅的部分员工将经面试、培训、体检，签订临时劳务合同后，分别入驻盒马各地门店，参与打包、分拣、上架、餐饮等工作。在这期间，盒马出工资，盒马买保险，以此减轻餐饮企业在这个时段的负担。疫情过后，再把员工归还给餐饮企业。

企业之间通过这种合作，既解决了餐饮企业关闭期间员工的收入问题，缓解了成本压力，又为零售等消费行业提供及时的人力补充，通过资源的整合真正达到双赢。人力资源拼凑既可以在疫情危机下成为企业的自救之策，亦可以让人力需求峰值时间不同的行业、企业互相合作，成为节约成本的常态化举措。

盒马

云海肴、青年餐厅员工将赴盒马"上班"

受新冠肺炎疫情影响，云海肴、青年餐厅（北京）暂停营业。期间，部分愿意继续工作的员工将入驻盒马各地门店，参与打包、分拣、上架、餐饮等工作，经面试、培训、体检、确认劳务合同后上岗。相关合作涉及上海、北京、南京、西安、深圳、广州、昆明等多地，共计近500人，目前已有部分员工到岗。

为保证服务人员健康安全，所有员工需进行防护措施规范培训，并佩戴口罩、测量体温后上岗。

有了你们的并肩作战，相信盒马能更好地服务不断攀升的需求。感谢火线驰援！

其他餐饮企业如有需要，可联系洽谈。

联系人：马先生

盒马此番人力资源拼凑一举三得：

第一，帮助餐饮企业解决人力成本困境，妥善安置员工。

第二，通过定向补充人员，降低招工困难，提升企业运营效率。

第三，人力充足确保了盒马"不打烊、不涨价"的宗旨，保障了生鲜蔬果供应稳定，为打赢防疫战贡献重要力量。

分析工具

通过你的人脉链接资源：六度分隔理论

1967年，哈佛大学心理学教授Stanley Milgram想要描绘一个联结人与社区的人际关系网，通过实验发现了"六度分隔"现象："你和任何一个陌生人之间所间隔的人不会超过六个，也就是说，最多通过六个人，你就能够认识任何一个陌生人。"

"六度分隔理论"说明了社会中普遍存在的"弱纽带"发挥着非常强大的作用。通过弱纽带，人与人之间的距离变得非常"相近"，"朋友的朋友也是朋友"。我们一生中可能会认识千百人，在他们之中有的对我极其重要，有的对我无足轻重，我们联系建立的原因和方法也是千差万别的。有亲属这类生而固有的联系，也有因为地理位置接近而发展出来的联系，如邻里关系，还有因为共同学习生活而发展出来的联系，如同学及同事关系。

微软公司的研究人员利用网络信息对"六度分隔理论"进行了实验，他们对2006年某个月通过微软即时通信工具MSN发出的300亿个即时信息的地址进行了研究。通过计算发现，78%的发信息者都可以通过6.6个信息联系在一起。研究还表明，这个结果并不随着人口增长或通信技术的进步发生改变。研究人员埃里克·霍维茨说："确切地讲应该是'6.6度空间理论'，也就是说，最多通过6.6个人，你就能够认识任何一个陌生人。"

Facebook的团队对已注册的 15.9 亿份使用者资料进行了研究。2016年2月4日Facebook Research网站公布了标题为"Three and a half degrees of separation"的研究结果，发现这个神奇数字的"网络直径"是3.57，意味着每个人与其他人的间隔为 3.57 人。

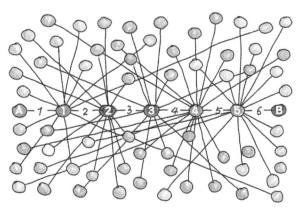

这种现象，并不是说任何人与人之间的联系都必须要通过六个层次才会产生，而是表达了这样一个重要的概念：任何两位素不相识的人之间，通过一定的联系方式，总能够产生必然联系。显然，随着联系方式和联系能力的不同，实现个人期望的机遇将产生明显的区别。

应用练习

创业资源自我评估与利用

必做练习

　　根据你们小组的创业项目，在梳理已有资源的基础上，对还欠缺的资源进行发掘。利用前面讲到的资源拼凑与六度分隔理论，在下面的鱼骨图上画出我们所需的资源清单与人脉链接路径。已有资源写在鱼骨上方，还欠缺的资源写在鱼骨下方，并通过人脉链接寻找这些资源。记得全面考虑经营管理资源、人力资源、财务资源、市场资源、政策资源、信息资源、科技资源等，可以自行增加鱼骨的分枝。

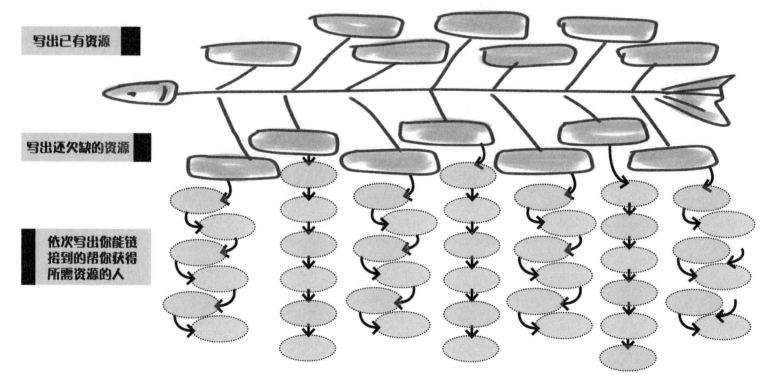

写出已有资源

写出还欠缺的资源

依次写出你能链接到的帮你获得所需资源的人

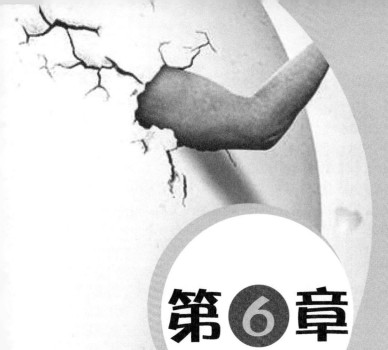

第6章 最简可行产品及低成本试错

6.1 最简可行产品设计

大众点评网：用最简可行产品来验证创意

　　大众点评网的创始人张涛花了3天时间做出来的大众点评网第一个网页，因为其不太美观，张涛不敢将其示人。当时他没有跟饭馆签任何协议，而是将旅游手册里的一千多家饭店录入网站系统。他想验证一件事，网友在一家饭馆吃完饭，是否愿意进行点评？这个认知的获得是大众点评网商业模式最重要的起点。因此，他开始拿着这个最初最丑的网页去询问网友的建议和意见，这便是大众点评网早期的最简可行产品。

　　现在，大众点评网也选择了这种最简可行产品策略。例如，大众点评网想切入餐馆订位服务，但市场上已经有了很多解决方案，如电话预订等。在经过一番研究之后，他们想到一种声讯电话模式，用户在手机上提交预订请求，然后用技术把文本转为语音，之后通过声讯电话服务商把用户的要求发送给相应的餐馆，餐馆可以简单地通过按1或者2选择是否接受预订，最后大众点评网把预订结果用短信通知用户。这个解决方案听起来很简单，但是开发这套系统至少需要3个月时间，而且他们也不确定用户是否愿意通过这种方式来预订餐位。最简可行产品概念再次帮了张涛的忙，他让两位客服人员在后台接收信息，致电餐馆并回复用户，用人工替代声讯电话。经调研，这个功能在上海挺受用户欢迎，证明这个需求和解决方案是可行的，他们才投入大量资源来开发系统。

今夜酒店特价创始人的反省：如果上天再给我一次机会

　　2011年，任鑫开发了一款名为"今夜酒店特价"的APP，因为酒店在下午6点钟之后会有大量剩余空房造成闲置，所以他希望能把这些空房以超低折扣拿下来，再通过移动互联网APP低价销售给用户。然而在实际操作时，他才发现面临着非常多的问题。第一个难题是，在跟酒店谈的时候，不知道应该先跟少量的酒店谈，还是跟许多家酒店一起谈。因为谈的酒店多了，难以达到众多酒店期望的销量，但谈的酒店少了，用户的选择会变少。第二个难题是，用户应该在自己手机上支付，还是应该到酒店前台来付钱。因为酒店希望先付钱确定下来，但用户却担心先付钱有风险。结果一段时间下来，APP的经营状况非常惨淡。一开始他们觉得方向没错，应该是执行出了问题。直到半年后，他们终于清醒过来，其实是最初的假设都有问题，但大半年的时间已经浪费了。2013年，他们终于建立了自己的后台运营团队。但不到年底就支撑不住了，解散了公司的大部分人力。2014年，今夜酒店特价正式被京东集团收购。

　　当任鑫反思这一段创业经历的时候，得出一个结论：创业公司尽全公司之力做了一款产品，最后却没人使用，这才是真正的浪费。如果上天再给一次机会，今夜酒店特价会以更快、更便宜的方式去试错，动手前先想清楚关键假设是什么，然后去做小试验，验证这些关键假设，之后再快速执行和复制。今夜酒店特价一开始不应该急投入大量人力物力开发APP，做个小网站或者微博公共账号也可以实现验证。与此同时，也没有必要一开始去谈酒店，可以用更"轻"的方式，把艺龙、同城、淘宝等线上房源数据签过来，集中在一个页面上，例如淘宝卖500元，今夜酒店特价可以卖300元，哪怕自己赔200元也可以，调查清楚用户是否愿意预订、用户是否习惯手机预付、哪些酒店卖得好等，再去谈合作。通过上述方式，一两个月的时间就能掌握有效信息，而且成本很低。

知识介绍

什么是最简可行产品

现在如果需要你布置一间新的工作室，你会怎么做？是直接上网买家具放进去，还是先画一个平面图（即使你没有学过画图），尝试几种不同的家具布置方案？

是的，你在不知不觉中已经运用了最简可行产品的方式，它是你想法的可视化模型，你可以拿着它询问别人的意见，也能很方便进行改进。

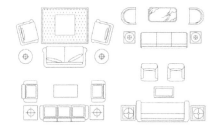

最简可行产品（Minimum Viable Product）是指在成本最低的情况下尽可能展现产品核心概念的策略，即以最快捷、最简明的方式建立一个具有可视化、可用的产品原型，这个产品原型要表达出产品最终的效果，然后通过不断迭代来完善细节。最简可行产品是一种策略和一个从制造、产品销售到终端市场的流程微缩，目的是尽可能减少失败的成本和缩短花费在产品迭代上的总时间。

最低开发成本　　能体现你的创意　　能测试与演示功能　　只关注核心功能

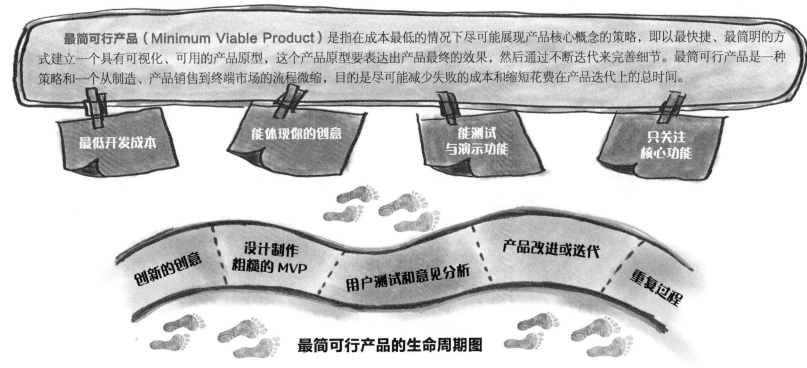

创新的创意　　设计制作粗糙的 MVP　　用户测试和意见分析　　产品改进或迭代　　重复过程

最简可行产品的生命周期图

第 6 章　最简可行产品及低成本试错

知识介绍

为什么要做最简可行产品设计

最简可行产品设计是一种思维方式，建立这种思维方式能让你拥抱未知，及早地测试想法，收集反馈并融入设计，使你长期受益。在创业的初期，我们通常甚至不知道谁是精准的用户？他们的真正需求到底是什么？仅凭假设就投入巨大人力物力去开发产品，结果市场和用户并不买账，这样的创业成本和风险太大，往往容易失败。

与传统的产品开发不同，最简可行产品不需要耗费很长的筹划时间和反复推敲，也不需要把产品做到完美。它是把产品从实验室转移到生产线的一个过程，与传统产品开发相反，最简可行产品的目的是学习认知流程的开启，而不是这个流程的终端。最简可行产品是以验证基本商业假设为目标，而不是用来回答或解决产品设计或技术方面的问题。

通用汽车是世界上最早涉足可替代能源汽车领域的汽车公司，前期对能源汽车的研发进行了很大的投入，但却迟迟没有把产品成果推向市场。创新技术的兴起不能被市场所检验，就得不到实现和推广。最后丰田抢占先机，成为在新能源汽车方向第一个"吃螃蟹"的人，受到了广泛关注。所以，好的创意只有可视化了、形象化了，才是从天马行空的虚无向现实迈出的第一步，不面向市场去测试用户反应永远无法了解用户的需求，自然就不能抓住用户的真痛点，赢得他们的青睐。

创业小白实操手册

(Minimum Viable Product)

最简可行产品

(Product)

产品

假设你现在在创业，你的产品目标是——有史以来最好的甜甜圈！

你要凑很多钱做出所有口味的甜甜圈，开一个最漂亮的商店，然后看实际售卖的效果么？

不，你还可以这样做：先开发出一种最普通的甜甜圈——这就是你们的第一个最简可行产品。能吃，但可能还不是有史以来最好的甜甜圈。这时候，你的团队就要抓紧时间，问用户一些问题。例如，你们觉得这款甜甜圈哪儿最好？如果你可以选择加配料，你会加哪些？你喜欢什么甜甜圈造型？切开的还是一体的？金黄炸透的还是脆嫩相间的？……

根据用户的反馈，你的团队可能会总结出了不少经验：有的用户可能更喜欢加一些七彩糖珠；有的用户可能更喜欢巧克力甜甜圈；有的用户可能更喜欢草莓甜甜圈。再根据上述结论对产品进行改进。

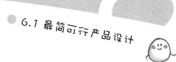
分析工具

如何设计最简可行产品

最简可行性产品的表现形式是多样的，既可以是有形的物理形态，也可以是无形的一种商业模式或服务，甚至视频、PPT、网络连接、直播等新媒体都可以成为最简可行性产品的展示方式。但是这种无形的创意必须依托一定的物质媒介将其转化成可感知、可视的表现形式，不能只是想象或者口述。

各行各业都创造了自己最简可行产品的设计方法，建筑设计领域的最简可行产品可以是沙盘模型等，工业设计领域的最简可行产品可以是缩略模型等，软件和应用程序开发领域的最简可行产品可以是手绘线框图等，服务业领域的最简可行产品可以是A/B版本测试等，文创营销领域的最简可行产品可以是众筹预售等。

因此，最简可行产品如何设计本质上就是，精准地瞄准测试目的，找到合适的载体，让用户精简地进行体验。

最简可行产品的形态	具体描述
手稿图	采用绘画的方式把产品形态、功能展现出来
实体模型	用各种简单的资源做一个实体的产品微缩模型
软件工具展示	利用用户端交互原型设计软件等方式对产品进行展示
产品概念演示视频	用视频展示产品预期想达到的功能
投放广告	通过传统广告或新媒体的方式测试用户的态度
预售筹款	利用众筹网站发起产品预售，判断市场体量并获得早期用户支持
模拟体验	在产品正式问世前，在后台用人工进行模拟，让用户感受真实的服务流程
现有资源的拼凑	将市场上现有的工具和服务组合起来变成一个可运行的演示 demo
情景故事展现	通过营造故事情景，模拟用户使用经验，挖掘用户使用情绪、感受和反应
网页测试	开发登录页面，测试用户的关注和兴趣点
A/B 版本测试	开发两版产品并推送用户，了解用户对不同版本的反应
……	最简可行产品的形态不限，也可以是两种以上的结合。 例如，将产品演示视频与预售筹款结合起来，将投放广告与 A/B 版本测试结合起来

第6章 最简可行产品及低成本试错

知识介绍

6.2 用可视化方式呈现你的概念

可视化原型 —— 不停地"假造"，直到可以实现生产

可视化原型是设计过程中非常重要的一个环节，到底什么是可视化原型呢？简单来说，就是一个最终产品的模型或样板。原型的表现形式非常多，可以是草绘图、纸板模型，也可以是用户界面。可视化原型的目的是为了在生产最终产品之前对产品或产品概念进行用户测试。产品发布之前，可视化原型能够很好地向用户展示产品的功能，从而发现问题，做进一步的改良。本文将重点探索实物形态与软件交互界面形态的可视化原型。

小零件拼凑出来的科技：广东某科技科普展上中小学科技爱好者制作的
无人车（左一）、智能家居（中）和智能灯（右一）的原型

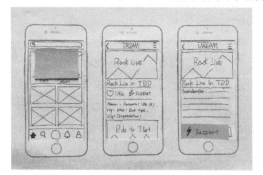

手绘线框图原型

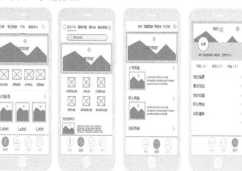

低保真交互界面原型

高保真交互界面原型

创业小白实操手册

知识介绍

"绿野仙踪法"——用情景演练让用户能想象得到如何使用产品

　　"绿野仙踪法"由用户界面专家Jeff Kelley提出，他的灵感源于电影《绿野仙踪》，电影中的魔法师利用了多萝西，让她在虚假的环境中体验，但体验过程中的感觉却是真实的。梦境设计师与魔法师在幕后"操纵"着这一切，在体验环境的对象的角度看来，一切都是真的。"绿野仙踪法"要求产品研发人员先制作一个完整产品的基本模型，也就是产品原型。可以用日常生活中的小物件代替产品的某些部件，或者也可以做一个工作模型，实现完整产品的一些功能，然后请开发人员进行情景演练，测试最终用户与产品的交互情况。

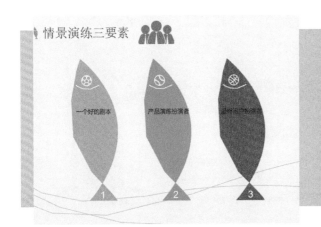

情景演练三要素

一个好的剧本　　　产品演练扮演者　　　～将用户～演者

1　　2　　3

　　"绿野仙踪法"在实施过程中要先确定情景演练的演员，准备一个剧本。一个演员扮演最终用户，一个或多个演员扮演"巫师"，模拟完整产品的使用。需要注意的是，扮演最终用户的演员最好并不知道产品的功能，以便更真实地得到测试用户的反馈。

第 6 章

最简可行产品及低成本试错

分析工具

手绘线框图原型

线框图（Wireframe） 只是一个可视化模型，通常用于产品早期的概念阶段。团队对于产品的功能及业务应用场景方面都处于一个规划阶段，没有明确成熟的产品方案，团队成员在进行头脑风暴时，需要一个能够快速呈现产品雏形的原型，且便于及时修改。这个阶段的原型大部分都是在白板或者在白纸上手绘完成，在讨论的过程中发现问题并及时修改。草图原型只需能够表达出基本的界面功能及内容布局，利用基本的几何图形如方框、圆和一些线段表达产品雏形，使参与讨论的人明白大概意图即可。草图的优势在于设计成本低，能够随时进行修改。在项目早期有很多不确定因素的前提下，尽量使用草图进行讨论评审。

手绘线框图准备材料： 白纸、便利贴、胶水、笔、橡皮和手机框架图。

依据用户使用流程，选择最重要和最具代表性的视图界面。团队讨论后把需要的界面内容全部罗列并写在便利贴上，通常包括：启动页、登录页、导航页、二级详情页、个人中心页等页面，然后将便利贴在白纸上排序。

在代表页面（便利贴）旁标注每页需要的视觉效果元素（可以用便利贴协助）。包括但不仅限于以下内容。

输入元素：按钮、文本框、下拉列表、选取框、列表框等。
导航元素：搜索栏、分页、滑块、图标等。
信息元素：进度条、状态提示、模式窗口等。

把这些视觉元素按优先级分级降序排序，并写在代表页的便利贴上。

设计视觉元素，并把它们整合规划，组合在一起，绘制线框图。线框图设计制作过程就是评估视觉元素之间优先级、平衡性和互动关系的过程，通常优先级最高的元素占据最醒目的位置。

把画好的原型图按顺序和逻辑关系粘贴到白纸上展示，各团队相互模拟用户体验并点评，为产品下一步迭代打基础，尽可能地使得用户与界面的交互简单高效。

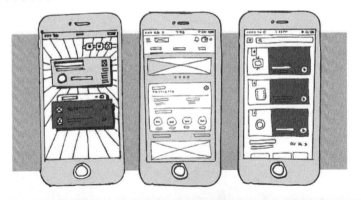

学生作业示范

注意：

1.手绘之前先打草稿，如果要画APP的线框图，可以先下载一些手机界面手绘图样板，打印出来，然后在样板上打草稿，用铅笔画出主要的板块。

2.多打印几张，在线框图的绘制过程中，涂改是不可避免的。

3.建议用浅色马克笔打上底色，如果颜色不够可以补色。

4.用黑笔描出轮廓线、写字，上重点色，最后画上外框。

5.你也可以使用一些软件工具，例如Mockplus、 Axure等，自学教程，将手绘线框草图做成高保真交互界面原型。

第6章 最简可行产品及低成本试错

应用练习

呈现你项目的可视化原型

必做练习

1.以组为单位，根据你所在的小组在本节课中受到的启发，为你们打算开发的产品制作实物可视化原型。

2.或者以组为单位，使用一种原型软件，如Axure、墨刀、Mockplus或PowerPoint等，为你们打算开发的产品或服务制作交互性APP。

3.各个小组在完成可视化原型的制作后，用情景演练的方式，把用户如何体验产品和服务展示出来。记住，尽量清楚展示用户体验产品的功能或服务的流程，并对原型未能展现的功能加以描述。

注意事项：

1.APP线框图主要包括以下几部分：启动页、注册/登录页、导航页；个人中心页、二级详情页等；

2.纸板模型的制作：有机械功能的，不能只做外观，要把主要运行结构基本展示出来，例如简单电路、无线电感应等；

3.如果你的项目既有硬件，又要做APP，请做出线框图和纸板模型。

要避免的：

1.情景演练不是电视购物广告。

2.情景演练不是直播"带货"。

3.情景演练不是演话剧，更不是演闹剧。

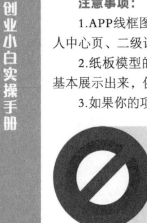

创业小白实操手册

知识介绍

6.3 低成本试错与持续优化改进

用户测试的目的

用户测试是以用户为中心的一种低成本试错方法，通过观察和询问用户（被测试者），记录产品的使用体验情况，界定产品设计的可用性问题。用户测试大致方式及流程其实并不复杂，选择合适的用户作为测试对象，向他们提出一系列产品使用的目标，记录他们的行为及口头陈述反馈，或者只是简单介绍产品及项目，观察用户的反应和理解。

● 产品从–100到0时，市场潜力大和用户价值高的需求是首选

这个阶段是产品形态最为模糊、把握市场需求最为笼统的时候，这个时候产品雏形定位要够具针对性，选择人群规模大、发生频率高并且痛点很急需解决的需求，换言之就是"人多+常有+很刚需"。

● 产品从0到1时，"小而优"是目的

这个阶段由于资源有限，用户体验又很关键，比起上一个阶段的"做什么"来说，这个阶段要把握好"怎么做"（程度）和"做多少"的问题。如果这个阶段没有把握好，好的创意就成了一次性的噱头。所以，要考虑哪些是非常必要且容易实现的需求，舍弃暂时不那么必要或暂时无法实现的需求，同时还要考虑非常必要的需求应满足到何种程度，不能浪费资源。

● 产品从1到10时，根据市场反馈进行产品迭代

这个阶段，最简可行产品已经经历了市场和用户的一轮"洗礼"，相对前两个阶段来说已经具有方向性了，这个时候要根据市场的反馈进行相应的产品修正和迭代。

最简可行产品所处的不同测试阶段，对应的产品的精细程度、满足的需求阶层也是不同的。要让最简可行产品足够简单，就要求能在不同阶段，从开始到迭代的过程中，对需求进行选择。

精简流程——简单明了的操作流程

太过复杂的操作流程会让用户失去耐心，就无法达到测试的效果。

精准需求 ——明确做什么，做到哪种程度

用户需求足够精准才可使产品核心价值精准，"精准"是指能准确找到目标用户并专注于某个用户群体的某个需求，不能满足的果断舍弃。

第6章 最简可行产品及低成本试错

分析工具

鼓励用户进行"出声思考"的技巧

出声思考（Think Aloud），也被译为发声思考，是指受试者（接受测试的人）在完成某项任务的过程中，随时随地讲出头脑里的各种信息，是心理学和认知科学研究中收集研究数据常用的方法之一。1982年，IBM公司的Clayton Lewis在《以任务为中心的界面设计》一书中将其引入到可用性领域，现在发展成为产品可用性测试中常见的一种方法。

使用"出声思考"方法，需要提供给被测用户待测的产品或界面原型，要求被测用户根据指定任务操作产品或界面，与此同时说出使用产品界面的想法、感受和意见，它能够对各种形式的产品原型进行快速有效的校验。

在用户测试阶段使用"出声思考"方法可以给我们带来很多价值。它可以看到用户与产品真实交互的过程，从而更好地理解用户的心智模型，可以了解到被测用户在产品中迷失或出错的地方，从而更准确地进行优化设计。例如，被测用户找不到完成测试任务的路径，可能是由于设定的路径不符合用户预期；被测用户误解一些设计元素从而产生误操作或者疑惑，这些设计元素可能需要重新被考虑。另外，通过用户一边浏览操作一边表述自己的实时感受，可以帮我们更真实、直接地了解为什么用户会产生这样的认知和行为。

但用户常常给我们一些并不需要的评论，例如，他们是否喜欢这个颜色，哪些功能他们认为别的用户会难以理解，以及他们会怎么重命名产品。他们会在某些事情上滔滔不绝：为什么讨厌紫色，为什么蓝绿色让产品看起来有教养等，他们将整个用户测试当作了一场意见收集会议，但他们没有在进行真正的"出声思考"。因此我们在引导被测用户时要有技巧。

这里有一个非常有创意的解决方案：在用户边上放一只塑料鸭子，告知用户鸭子的姓名，并说："你看，鸭子 Frank 有一点儿不聪明。他不知道怎么使用这个产品。"面对老用户，你可以说："希望你能够帮我教导鸭子 Frank 如何使用这个产品"；而面对新用户，你可以说："希望你能和鸭子 Frank 一起探索这个产品怎么使用 / 这个任务怎么完成。" —— **让用户成为老师**

我们可以在测试前给用户看一段视频，视频中演示出一段理想的"出声思考"是怎么样的。让不熟悉"出声思考"的人们有一个明显的模仿及参考标准。演示视频不要超过 1 分钟，不要与要测试的产品 / 任务重复。 —— **示例演示**

在用户进行任务前，强调需要他们思考的一系列问题，并尽可能地用语言表达出来。而在测试过程中，如果用户表现出沉默和停顿，直接询问："你现在在想什么？"如果这些都不起作用的话，在测试后与用户一起回顾他们的测试过程并询问当时他们是怎么思考这些问题的。 —— **明确问题**

创业小白实操手册

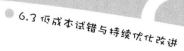

知识介绍

测试工具——KANO 模型

基于行为科学家赫兹伯格的双因素理论的启发，东京理工大学教授狩野纪昭(Noriaki Kano)和他的同事设计出了KANO模型，有效解决了在当时普遍令人头痛的难题——如何提升产品和企业服务。KANO模型对用户需求分类，并进行优先排序，分析用户需求对用户满意的影响，展现了产品性能与用户满意之间的非线性关系。KANO模型将影响用户满意度的因素归类成了五个类型，分别是"基本型需求""期望型需求""魅力型需求（兴奋型需求）""无差异需求""反向型需求"。

基本型需求　　在意能用与否

基本型需求也被称为理所当然需求或必备型需求，是企业用来满足用户在产品或服务上的基本要求，是用户认为产品或服务必须具备的属性或功能。当这种需求满足不充分时，用户会非常不满意，产品形象一落千丈；而当其被满足时，用户只会觉得理所当然，当这种需求的满足度远远超出用户期望时，用户充其量只是达到满足的程度，不会表现出更多的好感。因此对于这类需求，需要对用户需求进行调查和甄别，通过合适的方法在产品中体现这些要求，做到不失分。

例如，炎炎夏日，用户开启了空调，如果空调正常运行，用户不会因为空调质量过硬而感到满意；相反，一旦空调不制冷，那么用户可能会"原地爆炸"，对该品牌空调的满意度明显下降，进行投诉，随之波及整个品牌的好感度。

期望型需求　　在意好用与否

期望型需求也被称为意愿型需求。这类需求得到满足能显著增加用户的满意度，需求的满足程度与用户的满意状况成正比，换言之，企业提供的产品和服务水平超出用户期望越多，用户的满意状况越好，反之亦然。期望型需求并不是"必需"的产品属性或服务行为，虽然提供的产品或服务也要比较优秀，但是并没有基本型需求的要求那么苛刻，有些甚至是连用户自己都不太清楚，但又希望被满足的需求，这种需求是基于用户痒点的。期望型需求是处于成长期的需求，是体现竞争能力的需求，用户、竞争对手和企业自身都较为关注。对于这类需求的做法是注重提高这方面的质量，力争超过竞争对手。

例如，售后服务在我国的现状始终不尽人意，这项服务也可以被视为是期望型需求。如果企业对质量投诉处理得越圆满，那么顾客就越满意，反之如果企业对质量投诉置之不理，那么用户就会有越多的抱怨。

第6章 最简可行产品及低成本试错

魅力型需求   在意是否惊艳

魅力型需求又称为兴奋型需求，指不会被用户过分期望的需求。随着满足用户期望的程度增加，用户的满意度也会急剧升高，即使产品或服务表现得并不完善，用户表现出的满意状况也还是很高的。反之，即使在期望不满足时用户也不会因而表现出明显的不满意。当用户没有表达出明确的需求时，企业提供给用户一些完全出人意料的产品属性或服务行为，使用户产生惊喜，用户就会非常满意，从而提高忠诚度。魅力型需求往往代表了用户的潜在需求，企业的做法就是寻找并发掘这样的需求，在市场上占领先机。

例如，一些品牌的企业会定时进行产品的质量跟踪和回访，更新最新的产品信息和促销优惠，使用户感到出乎意料的惊喜。而另一些企业未提供这些服务，顾客也不会觉得非常不满。盒马鲜生作为生鲜实体"超市"近期推出APP、微信下单服务和线下40分钟内送货上门服务，让消费者们大为惊喜，而其他大型超市即使依然采用线下销售的方式，也并没有让消费者感到不满意。

无差异型需求   根本不在意

无差异型需求是指不论企业产品或服务是否满足这方面的需求，对用户体验都无影响。

例如，某些航空公司为乘客提供的没有太多实用价值的小赠品。

反向型需求   快点撤掉吧

反向型需求又叫逆向型需求，指会诱发强烈不满和导致低水平满意的质量特性，提供的程度与用户满意程度成反比。正所谓众口难调，并非所有的用户都有相似的喜好，许多消费者根本都没有此需求，提供后用户满意度反而会下降。

例如，一些用户喜欢高科技产品隐藏的功能，但另一些用户厌恶操作难度大的额外功能。

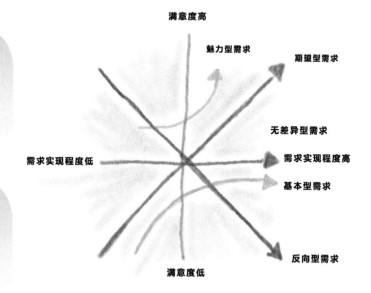

分析工具 · 用KANO 模型判断用户是否在意你的设计

XX 功能创意

如果具备这个功能，你觉得如何？（正向问题）				
1. 喜欢	2. 应该	3. 无所谓	4. 能忍受	5. 不喜欢

如果没有这个功能，你觉得如何？（负向问题）				
1. 喜欢	2. 应该	3. 无所谓	4. 能忍受	5. 不喜欢

第一步，找到10个受访用户，选择一个功能对用户进行提问，分为具备这个功能与不具备这个功能两种情境，用户按五级评分量表说出自己的感受，5选1。

不提供该功能

提供该功能	喜欢	理所当然	无所谓	可以忍受	不喜欢
喜欢	可疑结果	魅力型需求	魅力型需求	魅力型需求	期望型需求
理所当然	反向型需求	无差异型需求	无差异型需求	无差异型需求	基本型需求
无所谓	反向型需求	无差异型需求	无差异型需求	无差异型需求	基本型需求
可以忍受	反向型需求	无差异型需求	无差异型需求	无差异型需求	基本型需求
不喜欢	反向型需求	反向型需求	反向型需求	反向型需求	可疑结果

第二步，填好受访者的回答，在评价结果分类对照表中，根据用户回答的正向问题与负向问题的交叉点，找到该个英文代号。

魅力型需求(A)：有，非常满意；没有，不会失望；

期望型需求(O)：有，开心；没有，不开心；

基本型需求(M)：有，没感觉；没有，不开心；

无差异型需求(I)：有，没感觉；没有，没感觉；

反向型需求(R)：有，不开心；没有，没感觉；

可疑结果(Q)：没有确定的满意程度，其他不明确的因素。

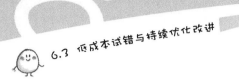

评比结果	A	O	M	I	R	Q	分析结果
百分比	%	%	%	%	%	%	

第三步，整理评价结果，统计英文代号数量，换算成百分比。占比最多的结果，就是该功能的测试结果。假如M占比最多，那么该功能属于基本型需求。

第四步，采用计算Better-Worse系数来量化评估需求优先级别。

Better-Worse系数的计算是用来显示增加某项因素属性对增加满意或消除不满意的影响程度。Better的数值通常为正，表示如果产品增加某功能或服务时用户的满意度会提高。正值越大代表用户满意度提高的效果会越好，满意度上升得越快；Worse的数值通常为负，表示如果产品不提供某功能或服务，用户的满意度会降低。负值越大代表用户满意度降低的效果越强，满意度下降得越快。因此，根据Better-Worse系数，对系数分值较高的项目应当优先实施。

计算公式如下：

满意影响力SI=（A+O）/(A+O+M+I)

不满意影响力DSI=−1×(O+M)/(A+O+M+I)

根据计算出的Better-Worse系数值，将散点图划分为四个象限：

第一象限表示:Better系数值高，Worse系数绝对值也很高的情况。落入这一象限的因素，称之为是期望因素(一维因素)，即表示产品提供此功能，用户满意度会提升，当不提供此功能，用户满意度就会降低。

第二象限表示:Better系数值高，Worse系数绝对值低的情况。落入这一象限的因素，称之为是魅力因素，即表示不提供此功能，用户满意度不会降低，但当提供此功能，用户满意度会有很大提升。

创业小白实操手册

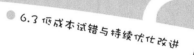

第三象限表示:Better系数值低，Worse系数绝对值也低的情况。落入这一象限的因素，称之为是无差异因素，即无论提供或不提供这些功能，用户满意度都不会有改变，这些功能点是用户并不在意的功能。

第四象限表示:Better系数值低，Worse系数绝对值高的情况。落入这一象限的因素，称之为是基本因素，即表示当产品提供此功能，用户满意度不会提升，当不提供此功能，用户满意度会大幅降低;说明落入此象限的功能是最基本的功能。

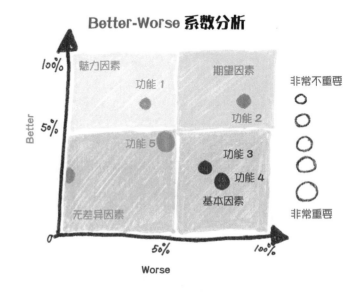

我们首先要全力以赴去满足用户最基本的需求，即第四象限表示的基本因素，这些需求是用户认为产品有义务满足的需求。在最基本的需求实现后，我们要去尽力满足用户的期望型需求，即第一象限表示的期望因素，这是质量的竞争性因素。提供用户喜爱的额外服务或产品功能，使产品和服务区别并优于竞争对手，增加用户对产品的好感度。最后是去争取实现用户的魅力型需求，即第二象限表示的魅力因素，提升用户的忠诚度。

分析工具

用户体验地图帮你找到可改进的地方

　　实际上，用户的体验总会与你预期要达到的效果有所差距，没有一次就能达到完美的设计，所以我们需要不断迭代和优化，直到能满足用户的真正需求。用户体验地图能帮我们找到需要改进的地方。

　　用户体验地图是用来定位和描述一个产品（服务）体验过程中各阶段的情绪状况。换句话说就是：用户做了什么？感受是什么？由此发现原型的改进点。例如，当你使用打车软件叫车时，从打开APP确认叫车一直到司机师傅将你安全送到家的整个服务流程；或者是"春运"期间抢火车票，从开始抢票到最后获得火车票的整个流程；又或者是网上订酒店到入住酒店的整个流程等。

　　第一步，画横坐标，归纳触点。

　　右图标了一些黄色圆点，这些点称为触点，就是整个产品的使用过程中，不同角色之间发生交互的地方。例如，我们打开"大众点评网"搜索餐厅，到进店后看见正在搞优惠活动，开始点餐到就餐完毕，最后完成支付的整个过程中，人与人、人与产品等之间的互动，就是流程中的触点。

触点：整个使用流程中，不同的角色之间发生互动的地方

　　第二步，画纵坐标，标注情绪感知点。

　　一般将用户的情感表达划分为：平静、高兴和不高兴（也采用一般、满意和不满意）三种类型。

　　第三步，画出用户在每个触点的体验感受。

　　观察用户体验行为（包括表情），如果用户在这个触点"满意"则放在情感线上方，"不满意"则放在情感线下方。把情绪点连接起来，得到用户体验地图的情感曲线。

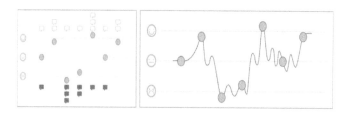

创业小白实操手册

第四步，分析可优化改进的地方。

找到整个体验地图的最高情绪点，思考是否可以为它多做点事，将产品体验推向极致；找到最低情绪点，思考用户为什么在这个环节出现如此多的问题，或者有如此强烈的不满意情绪；再找到用户结束体验时的情绪点。我们必须让用户在高兴的状态下结束体验，因为这会影响用户关于是否会再次使用我们的产品与服务的决策。

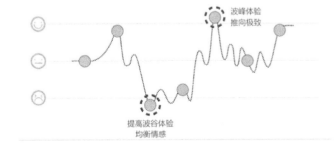

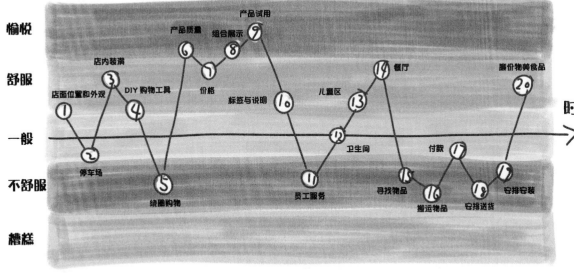

左图是在宜家购物的用户体验地图，我们能清楚看到这一过程中有很多不愉快的体验，例如，只买一件家具也需要走完整个商场、店员很少、自己得在货架上找货物并且搬下来等。但是用户的"峰值"体验是很好的，包括物有所值的产品、实用高效的展区、随意试用的体验、美味便捷的食品。用户离开时的体验也是很好的，就是出口处的1元冰淇淋。所以我们可以发现，身边有不少朋友在逛了一天宜家后，可能什么也没有买，仅仅买了一个价廉物美的热狗套餐，而心情还是不错的。

应用练习

用KANO模型测试你的主打功能是否属于"自嗨"

必做练习

用KANO模型测试你的创意主打的功能，是用户真正所在意的，还是自己一厢情愿的"自嗨"。记住KANO模型进行测试的四个步骤，测试结束后宣布你得到的结果。

绘制用户体验地图

必做练习

在其他小组进行情景演练时，帮他们绘制情感体验地图，记住用户体验地图绘制的四个步骤。看看别的小组帮你绘制的用户体验地图，找到可以优化改进的地方。

嗨起来

第7章 创业营销：
把你的好产品/服务推广出去

7.1 选择适合的新媒体

7.2 打造营销文案内容进行传播

7.3 策划有趣好玩的线上/线下营销活动

有温度的创业

7.1 选择适合的新媒体

"三农"短视频——带着土货，飞出大山

中和镇护国村是重庆市开州区一个普普通通的小山村。有点特别的是，护国村和附近村的农产品能卖到广东、浙江、安徽等地，十里八乡的不少贫困户从中受益。这个变化始于一位名叫黄丽的女孩，她把五谷杂粮、时令水果、特产美食、农家小院、田园风光等拍摄制作成一大批"三农"短视频。仅一年的时间，她制作的短视频全网播放量就突破100万，带着家乡的土货农产品飞出了大山。

黄丽是土生土长的中和镇人，中专毕业后闯荡广州十余年。"布衣暖，饭菜香，久别回故乡，在城市拼搏带来的幸福感远远不及坐在田野里听蛙鸣。"2018年1月，黄丽返乡创业，她自己都没有想到，在乡村这片广袤的土地上，她这朵乡间的野百合就找到了属于自己的春天。回乡前，黄丽就喜欢看农村生活的短视频，这源于她的乡愁情结，"有条件我也要拍一些。"昔日内心种下的种子正在悄悄发芽。自己生长的家乡，为何不能也出个镜？黄丽开始了自己的策划——做一个三农视频创作者。拍视频包括策划、摄像、剪辑、后期处理等工作，黄丽从零基础开始学，在网上看教学视频，还买了些书在家里研究。慢慢地，她有了自己的思路：融入生活元素，增加趣味性，从贴近生活的角度来观察乡村。她坚持自然、亲切、唯美、文艺的拍摄风格，用"美景+美食"的方法来展示农村的另一面。打开她的视频，从田间采摘到制作，一系列过程全景呈现。"这就是一种原生态的感觉。"黄丽说，最长的一个视频制作周期长达4个月，5月份收麦子，7月份做麦芽糖，8月份才完成挂面制作。"山城女儿红"不只是在朋友圈出名，如今已入驻今日头条、腾讯视频、百度百家、优酷视频、美拍等多家平台。

2018年10月，黄丽到三汇口乡白杨村找视频的素材，发现村里挂满了金黄的柿子。得知商贩上门收购才5毛一斤，黄丽开始在网上帮村民卖柿子，每天在地里采集素材、拍摄照片与视频，身上的衣服都被汗水浸透了。但功夫不负有心人，辛劳换来好的回报，她帮村民以1元一斤的价格卖出了几千斤柿子。

如今，黄丽拍"三农"视频不是单打独斗了，她找到了几个志同道合的伙伴，大家立足各自的区域，抱团合作，争取把更多的农产品带出大山。黄丽说他们还想做一个农产品电商平台，客户可以在平台上边看边买。

热爱田园生活的黄丽有个梦想：希望家乡成为绿意盎然的花园式农庄，成为让城市人向往的地方，有更多的人回乡创业奋斗，让没落的乡村恢复生机，不再是荒草丛生，只有老人、留守妇女和儿童的村庄。黄丽说："我是一朵来自山里的野花，但是有自己的颜色。"乡村振兴，需要年轻一代做出自己的努力与贡献。

山城女儿红
2019年03月21日

#这才是国风##你好，春分##古风#
浮云横暮色
新雨洗韶光
昨夜电闪雷鸣
迎来中国传统节气《春分》
如诗如画的场景
请观看视频 #80后重庆妹回归农村，自导自演，用苹果5手机拍摄治愈系田园大片

山城女儿红
2019年05月06日

重庆农村桑果快熟了，老乡愁闷没销路，留守妈妈义务帮拍宣传视频

创业小白实操手册

什么是新媒体

新媒体（New Media）的概念最早由美国哥伦比亚广播电视网技术研究所所长戈尔德马克在1967年提出的。联合国教科文组织对新媒体的定义为：以数字技术为基础，以网络为载体进行信息传播的媒介。

新媒体的概念是动态的，以前的门户网站、应用论坛、电子邮件也叫新媒体；随着时间的推移和技术的推进，现在的新媒体多指移动互联网涵盖的社交类、资讯类、娱乐类等手机应用。它以较低的推广成本、年轻且付费意愿强的客户群、与消费者面对面沟通的机制等优势，成为越来越多的企业首选的营销平台。

新媒体的优势

个性化更加突出
新媒体面向更加细分的受众，用户可以通过新媒体定制自己需要的内容。

受众选择性增多
在新媒体中，人人都可以接受信息，人人也都可以充当信息发布者。

表现形式多样
新媒体形式多样，可融文字、音频、视频为一体，做到无限地扩展内容。

信息发布实时
新媒体真正具备无时间限制的特点，随时可以加工和发布。

新媒体的渠道覆盖面

从门户网站到微网站　　从手机报到新闻客户端
从邮件到Email营销　　从数字电视到直播
从论坛到知乎　　　　　从淘宝到微店
从博客到微博　　　　　从装机工具到推广渠道
从搜索到知识问答　　　从网络游戏到虚拟现实
从QQ到微信　　　　　从自媒体到社群
从视频网站到短视频　　从APP到小程序
……　　　　　　　　　……

知识介绍

经典两级传播理论在新媒体传播中的新应用

1940年，拉扎斯菲尔德（P.F.Lazasfeld）等人通过调查发现，信息从大众媒介到受众经过了两个阶段：有关的信息和想法都是首先从某一个信息源通过大众媒介达到 "意见领袖（Opinion leader）"，然后再通过意见领袖把信息传播到普通民众那里，这就是著名的两级传播模型（Two — Step Flow Hypothesis）。其中，第一个阶段主要是信息传达的过程；第二阶段则主要是人际影响的扩散。意见领袖起着重要的中介或过滤的作用。第一阶段的大众媒介渠道和第二渠道的人际传播渠道在人们信息获取和决策中有着不同的角色和作用。用户采用新产品或服务，经历了以下五个阶段：

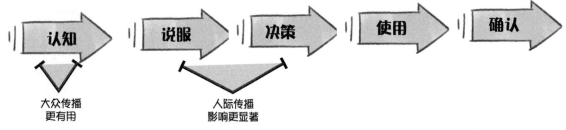

联结大众媒介传播和人际传播两个阶段的 "意见领袖"，在新媒体中有了新的应用。我们来梳理一下新媒体中出现的 "意见领袖"，看看我们能从中得到什么启发。

KOL: Key Opinion Leader 关键意见领袖，是指某一行业内有话语权的人。在新媒体营销中，特指以 "头部网红"（社交平台粉丝数位列前茅）为主的流量明星，例如李佳琦、薇娅、papi酱等，在各类社交媒体中拥有大量粉丝，成为电商平台、品牌商争抢的对象。

KOC: Key Opinion Consumer 关键意见消费者，是指能影响自己的朋友、粉丝，产生消费行为的消费者。相对于KOL而言，KOC的粉丝较少，影响力较小。但其优势是在垂直用户群中拥有较大的决策影响力，更能带动其他潜在消费者的购买行为。

KOS: Key Opinion Spreader 关键意见传播者，是指某一垂直细分领域的达人，具备一定行业类的专业知识，有能力引领某个圈层的风潮。例如，汽车发烧友对汽车市场了如指掌，对于基础用户购车有协助购买与专业知识引导作用；他们在私域流量中比较活跃，如朋友圈、社群、贴吧、论坛等。

KOF: Key Opinion Followers 关键意见追随者，是指一个品牌的忠实粉丝，例如，一些用户是某些品牌的 "死忠粉"，偏爱某一品牌的口红、香水，一出新品就会去购买，并给她的好友们 "种草"（网络流行语，分享推荐某一商品的优秀品质，以激发他人购买欲望）。

创业小白实操手册

知识介绍

从公域流量到私域流量

2018年以来，互联网的流量增长已经到了瓶颈期，获客越来越难，流量越来越贵。面对这样的情况，很多企业的增长变得有心无力，投资回报率越来越低，利润空间也越来越小。很多人说是流量红利消失了，但其实是流量的来源发生了变化，从集中式流量走向了分布式流量，从公域流量走向了私域流量，社交平台的崛起创造了新的流量规则，优秀的内容、产品、购物分享都成为获得流量的新途径。

首先我们来看看社交电商领域的两个概念：公域流量与私域流量。

公域流量也叫平台流量，是被集体所共有的流量，例如，商家通过淘宝、京东、拼多多、携程、大众点评、美团、饿了么、猪八戒等平台所获取的流量。公域流量是属于各个平台的，商家入驻后通过搜索优化、参加促销活动、花费推广等方式来获得客户和成交。商家在公域流量的运营核心是要熟练掌握平台规则，根据平台的发展规律顺势运营。换句话说，就是主动或被动参与到开放平台的内容曝光中的流量。公域流量的范围很广，如今日头条、腾讯新闻等基于兴趣推荐的信息流资讯内容聚合平台。

私域流量是相对于公域流量来说的概念，是指不用付费，可以在任意时间、以任意频次直接触达用户的渠道，如自媒体、用户群、微信号等，也就是KOC（关键意见消费者）可辐射到的圈层。换句话说，私域流量是在产生"关系"基础上相对封闭的信任流量。例如你想要看某个"爱豆"（Idol，意为偶像）的微信朋友圈，你必须先加他的微信好友，然后你才有权限去翻看他的朋友圈。如果一个人通过了你的好友验证，说明了你们之间是基于之前的某种关系而产生的交集，这个交集关系是双向的，我们可以称之为信任度。微信个人号和朋友圈就是基于信任关系的封闭性平台上的私域流量。

公域流量
花钱在其他平台买来的，大部分是一次性的流量。

VS

私域流量
自己可以掌控的，反复使用不增加成本的流量。

我们把"流量"比作一片大海，客户是大海里的鱼，获客的运营人员就是捕鱼人。以前，捕鱼人很少，而鱼也源源不断地从大江大河中进入到大海里。捕鱼人只要到海里捕鱼就好了，但是后来，大江大河里的鱼少了，游到大海里的鱼也少了，但大海中的捕鱼人却越来越多了。每次出海捕鱼的成本越来越高，能够捕到的鱼却越来越少了。

这个时候，私域流量好比从大海中挖了一个渠道，精准筛选适合自己鱼塘的鱼，将大海里的鱼导入自己的鱼塘当中，在自己的鱼塘中养鱼，同时让他们鱼生鱼，我们就可以直接从私有的鱼塘中捞鱼了。

公域流量和私域流量并不是绝对概念，而是相对概念。例如，一家商场开在步行街上，商场里的流量相对于步行街就是私域流量，因为店铺基于步行街内。而步行街的流量相对于商场就是公域流量，因为其他店铺也可以享用。以社交为代表的抖音、快手、QQ、陌陌等属于流量池，不能一概而论，要以这些社交平台是否具有开放性来区分，它既有公域流量又有私域流量。例如，今日头条的用户属于公域流量，你自己"头条号"（今日头条创作者平台）的粉丝属于私域流量。

电商平台（淘宝，京东，网易考拉等）

内容聚合型平台（腾讯新闻、网易新闻、今日头条等）

社区平台（百度贴吧、微博、知乎、简书等）

视频内容型平台（腾讯视频、爱奇艺、抖音、哔哩哔哩等）

搜索平台（百度搜索、360搜索等）

微信个人好友

社群

微信朋友圈

头条号

对于公域流量池中的个体来讲，他们只能以付费或活动等方式，在满足平台规则的原则下获取流量，用户留存率较差，因为商家对流量没有支配权，只能跟随平台的发展规律顺势而为，且流量始终属于平台，商家稍有过分的营销嫌疑就会被封号。很显然，商家需要依靠公域流量平台获取流量，优点是流量获取方式相对简单，花钱购买，付费即可，平台会根据商家付费的级别来定制推送计划。这种形式所带来的弊端便是每次流量的使用需支付高昂的费用，且这种推广方式相当于大海捞针。例如，我们在百度上做推广，想利用百度的流量来曝光我们UI设计网络课的新网站，但是每天使用百度的用户来自于各个阶层、各个岗位，需求五花八门，可能100个访问用户中，只有1个是具备目标用户条件的，所以平台流量不能精准地曝光到目标用户所在的群体。

我们对比一下私域流量，它属于单一个体的流量。例如，某个抖音号的关注用户都是UI设计师，那么这个抖音号的私域流量就是推广UI设计网课的首选目标，因为粉丝群都有这个需求、都来自这个领域，只不过需求的渴望程度不一样而已。在100个阅读用户中，可能有10个会仔细了解。所以这种推广方式的精准度要比公域平台流量更高，可以完全掌控自己的流量分发，直接触达用户。

私域流量的特点与价值体现在：更可控、更省钱、更丰富的营销玩法，更高的用户稳定性，更利于塑造品牌与IP。

私域流量在短时间之内能带来明显的用户增长，但也有弊端，它的曝光率、影响范围、用户热度是临时性的，这就是"极速获客""热点获客"。

如何搭建私域流量

私域流量可分为4种类型：企业CRM（客户关系管理）体系、淘宝体系、微信体系和短视频体系。下面，我们以微信私域流量体系为例，简要描述如何搭建私域流量。在微信私域流量的体系中，个人号、公众号、小程序以及微信正在尝试的直播，组成了微信的生态私域流量玩法。大家要记住：私域流量≠微信流量，微信的私域≠个人号。

打造私域流量闭环有三个核心步骤：获取流量——运营流量——流量变现。

把流量变成"留量"，微信个人号、公众号、网站、简书、抖音、头条、微博、淘宝、知乎、小红书等，全部采用统一的 ID、名字、logo，打造好矩阵进行引流。注意各平台的政策不一样，要细心观察别的商家用"图片带微信号水印，评论区用小号互动留微信号"等攻略。

**O1
获取流量 大海引流**
从公域流量的大海中引流，获取种子用户。

有一个词叫"被窝红利"，用户躺在床上，专心玩微信的时候，是最容易成交的。可以说私域流量是看不见的，是在碎片化时间拦截客户的天罗地网。实现私域流量价值转化，就是用户关系的建立、经营维系。通过有信赖感的互动，在合适的时机促进用户在多场景实现转化，乃至多次转化，如电商平台成交、小程序商城成交、线下门店成交、微信个人号收款成交等。

**O3
流量变现 下网收鱼**
促进多场景转化，努力实现现金收益。

**O2
运营流量 扩建鱼塘**
扩建自己的私域流量池，进行用户增长裂变。

设计裂变方法，这里介绍三种常见的裂变方法。一是公众号裂变，用户邀请3位好友助力（关注公众号），任务完成后用户获取奖励；二是社群裂变，用户扫码进入社群，社群公告告知用户领取奖励的方式，一般要求用户将海报发送至朋友圈，3人助力成功后，用户获取奖励；三是个人号裂变，用户还需要添加企业微信好友，才可以领取奖励，实现了企业个人号的引流。

【小案例】初创品牌如何出奇制胜地"速火"

打造品牌一直都是慢功夫，没几年时间不行。但最近一两年，这种认知正在被打破。市面上兴起一批新消费品牌，只花了几个月，就做到火遍全网，销售额上亿，甚至几十亿元。例如，瓶装饮料品牌元气森林、速冲咖啡品牌三顿半、雪糕品牌钟薛高、美妆品牌完美日记和Home Facial Pro（HFP），还有花西子、汽水品牌汉口二厂汽水、麦片品牌王饱饱，以及重新崛起的运动品牌中国李宁等。初创品牌要和行业巨头在同一条渠道"硬拼"，只有死路一条，必须出奇制胜，而打造私域流量是一条"弯道"超车的捷径。

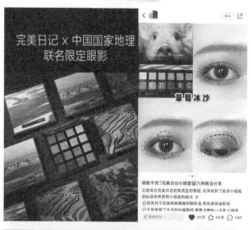

"完美日记"这一美妆品牌，作为2017年才诞生的瞄准新生代用户的新品牌，短短三年时间里，频频抢占天猫彩妆TOP1的榜单，2019年更是以黑马之姿包揽了天猫全年大促销售冠军。2019年11月15日，胡润研究院发布《世茂海峡·2019三季度胡润大中华区独角兽指数》，完美日记以70亿人民币估值上榜。被"粉丝"称为"国货之光"的完美日记，靠着私域流量的高转化逻辑，完成了从"无名"到"无敌"的逆袭。下面，我们一起看看它的私域流量池的增长之路。

获取流量：小红书KOL（关键意见领袖）投放。 2017年7月，完美日记天猫店刚上线的几个月时间内，销量其实一直没什么起色，最关键的转折点是从2018年2月开始，完美日记将小红书作为重点渠道开始运营，并加大了投放力度，随后其销量开始快速上升。完美日记的投放是一个金字塔结构，先是少量投入大牌明星、知名KOL，打造一个标杆，然后重点是投腰部以下的小众KOL及素人，可能很多从事KOL兼职的在校学生团队都接到过完美日记的投放。完美日记在小红书上有15万篇以上笔记，品牌账号已经拥有178万粉丝，营造出所有人都在用完美日记的盛况，导致普通用户也跟风分享。

运营流量：小程序+微信群控+朋友圈。 建立私域流量的目的并不是获取新用户，而是想办法留住已经购买过产品的老用户。消费者买到产品后，在快递包里得到的一

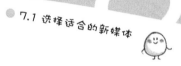

张"红包卡",这张卡会引导消费者关注公众号及添加个人号"小完子",小完子会进一步邀请消费者进群、打开小程序并获得1—2元的红包。一番操作下来,完美日记仅需花费1—2元成本就可以获得一个公众号粉丝、一位个人号好友和一个群成员。完美日记的公众号内容非常丰富,既有新品预告、美妆教程,也有产品测评、互动活动等。添加完"小完子"后,用户还会收到加群的邀请,而这些微信群的运营围绕多个小程序来进行。

例如,完美日记通过"小完子"的人设输出高质量的美妆内容至"完子说"小程序,转发到群里后引发用户持续关注和讨论。小完子并非群控机器人,完美日记想要做到的是通过打造"小完子"这一KOC(关键意见消费者)人设,让用户产生高度信任,有效影响用户的消费决策。不论是小程序还是朋友圈,"小完子"都是真人出镜,"她"不但会在朋友圈中发布各种日常自拍,还会发布新产品和抽奖活动等。有意思的是,"小完子"还是微信号矩阵,不同的"小完子"微信号的朋友圈具备一定差异化,覆盖不同的用户,例如,有专门服务粉丝的,有针对学生党的,有提供美妆护肤指导的,而每个"小完子"拉的不同微信群推送的商品链接中都带有不同的追踪代码,根据第三方估计,完美日记大概开通了上百个个人号,按照3000人/号的标准来计算,完美日记的私域粉丝量在近百万级别。

完美日记在线上营销的成功已经由其增长充分佐证,而其在线下的发力似乎也是为了更好地与线上营销场域协同。用完美日记副总裁黄一耕的话来说就是"完美日记70%的销售都来自线上的天猫,线下门店定位不是追逐销售成绩而是看重消费者的消费体验。"为了将"美妆体验平台"的概念发挥到最大化,同时也方便消费者购物后实现与消费者间的社交,完美日记成都概念店被设计成了一家集多处拍照打卡点、产品展馆、咖啡馆、美甲服务和会员体验中心等混合业态于一体的综合服务门店。早在开第一家店时,完美日记就开始引导顾客添加"小完子"的个人微信

第7章

创业营销:把你的好产品/服务推广出去

号，将消费者导入其私域流量池。从某种意义上说，线下店即完美日记打造的新私域流量蓄水池。

流量变现：促销转化。积累流量的最终目的还是为了销售转化。经过长期的用户孵育，完美日记的复购转化也是水到渠成的事情，其主要的转化方式有三种：朋友圈秒杀广告、微信群推送、个人号私聊推送，以促销活动为主。比较有意思的是，"小完子"在发广告的时候，并不是生硬地推一个链接，而是引导用户主动表达购买意愿，有兴趣再发链接，如回复特定数字的形式。而由于微信和天猫无法互通，其购买渠道是通过有赞商城来完成的。社群中推送的购买链接，并不是引导到完美日记的官方旗舰店，而是到"小完子旗舰店"下单。不同的小完子微信号推送的商品链接中，均附带不同的UTM代码（Urchin跟踪模块，标记或代码可帮助跟踪由互联网平台和网站生成的网站流量）。这说明每个账号

背后的运营人员，都背了一定的销售KPI（Key Performance Indicator，关键绩效指标），而UTM正是用来追踪他们的业绩。就这样，完美日记通过不同的"小完子"，把产品以促销方式同步在朋友圈和微信群，引导至最终的复购行为。

完美日记的成功之处肯定不止上述几点，一套完整的"组合拳"才能将它推动到今天的位置，完美日记选择的品类是针对以女性为主的95后消费者，属于大众消费品，市场很大，高频、高毛利，这样的品类才有足够大的增长空间。而这类消费品的运营战略是非常复杂的，这其中还要涉及物流、供应链、客服、产品质检、渠道管理等，每一项都是"硬壁垒"。

这一波的国产品牌爆火，并非新技术颠覆传统，而是原有产品、老技术在新渠道焕发活力，是在营销和产品上挖掘新机会。借用社交媒体的优势，推火一款单品不难，难的是如何长期保持品牌活力，将"网红"做成"长红"。

应用练习

找到你的"非常规"营销渠道

必做练习

请使用新媒体为你们团队的产品与服务搭建私域流量池，不要忘记"获取流量—运营流量—流量变现"的三个核心步骤。

三个核心步骤	小提示	你将要使用到的新媒体有哪些	你进行新媒体营销的具体做法
获取流量	**多点触达：**你链接用户的渠道形式越多，你触达用户的效率就越高，用户脱离你的难度也越大。试想如果一个用户既关注了你的抖音、快手，又关注了你的小红书、微博，那么他／她昨天可能会错过你的抖音、快手，但也许今天你的小红书、微博可以影响到他／她。		
运营流量	**双向互动：**只有微信群、个人号才是真正意义上的互动。你可以通过微信第一时间把用户拉进群里，也可以直接找到用户的微信一对一私聊，在朋友圈与用户相互点赞、评论，用户也能在微信群里@助理、客服，1对1进行咨询与建议，这种感觉和效果，是微博、抖音、快手无法比较的。		
流量变现	**持续成交：**基于微信内的活动、交流、推荐，个人号的营销提升了用户对品牌的认知、信任感的增加，为后续的成交做了足够多的铺垫。直播叫卖式和微信好友推荐式两种销售行为产生的效果是完全不一样的，但最终的目的都是为了成交。例如，李佳琦是借助微信沉淀粉丝，把微信的新用户导入到自己的淘宝直播、淘宝店铺里；而对于完美日记来说，是从淘宝、小红书、抖音等各个渠道，把新老用户锁定在微信群里直接成交。		

第7章

创业营销：把你的好产品／服务推广出去

知识介绍

7.2 打造营销文案内容进行传播

新媒体营销文案

好文案的标准

① 抓住用户痛点	② 打造画面感	③ 选择合适的文案风格	④ 选择合适的语言风格	⑤ 巧设关键词	⑥ 加入情感因素
抓住用户痛点，才能让文案成功吸引读者。	打造画面感强烈的文案，让读者身临其境。	选择跟产品相符的文案风格，提升客户的认同感。	选择契合产品的语言风格，让客户体验更优质。	巧设关键词，提高曝光率。没有关键词投放的文案是没有营销价值的。	"动人心者莫先乎情"，文案要打动人心，就需要有情。

随着新媒体推广活动越来越方便快捷，许多企业和组织都把线下营销搬到线上，活动策划方式也随之改变。紧跟时代步伐，策划出令人惊艳的文案和活动，是每个企业做营销都要重视的问题。

营销文案，顾名思义，指用文字来表现商品或诉求，其概念最早来源于广告行业，由国外传播而来。

新媒体文案主要是基于新型的移动互联网媒体，来重点输出广告的内容和创意。

新媒体文案常见的类型	按广告的目的划分	销售文案：即能够立刻带来销售的文案。如商品销售页介绍商品信息的文案，为了提升销售而制作的引流广告图等。需能够立即打动人，并促使其立即行动。 传播文案：即为了达到扩大品牌影响力的文案。如形象广告、节假日情怀营销文案等。侧重于是否能够引起人的共鸣，引发受众自主自发传播。
	按文案篇幅的长短划分	长文案：1000字以上的文案，需构建强大的情感场景，通常应用于用户决策成本较高的行业。 短文案：1000字以下的文案，重点在于快速触动用户，通常应用于用户决策成本较低的行业。
	按广告植入的方式划分	软广告文案：不直接介绍产品与服务，受众不易直接察觉广告目的，例如在故事情节中植入品牌。 硬广告文案：直白地介绍产品，目的是直接带动销售。
	按投放的渠道划分	可分为微信公众号文案、朋友圈营销文案、微博文案、APP文案等。
	按表现的形式划分	可分为纯文字、图片、视频、语音等文案及其组合形式。

分析工具

如何写出一篇吸引力强、转化率高的新媒体文案

在拿到一篇文字（或图文）类的新媒体文案时，受众一般会按照标题、开头、正文和结尾的顺序进行阅读，文案也常以此结构来进行设计。用标题来激起受众的点击欲，用开头和正文来降低受众的跳出率，用结尾来引导受众采取相应的行动。想要写出一篇吸引力强、转化率高的新媒体文案，就需要从这几个方面展开文案的具体写作：

如何写标题

1.宣事式：不玩文字游戏，直接点明产品的宣传意图，开门见山地宣告某件事情，或者直接告诉受众会获得的利益及服务。某些打折促销活动、产品上新活动、抽奖活动等就常用这种标题，让人一目了然。

2.恐吓式：对心里存在某种担忧的用户来说，引起他们的危机感，从而引导他们对推广的产品与服务产生认同感。要注意采用这种写法可以有一定夸张成分，但不能歪曲事实。

3.提问式：用提问的方式促使用户去思考，加深他们对文案的印象，使受众想要读完全文一探究竟。在设置问题时，要从受众关心的利益点出发，才能引起他们的兴趣，否则很容易让他们产生"与我无关"的想法。

4.猎奇式：利用受众的好奇心和追根究底的心理，制造噱头吸引眼球。这种写法可以用背离平常人思维的方式，让人觉得匪夷所思。

宣事式标题　　　　　　　　恐吓式标题

提问式标题

猎奇式标题

5.对比式： 进行竞争产品之间的比较，突出推广产品的性能和特点，借助差异来凸显自己的高性价比。

6.新闻式： 这种方式能给人一种权威性的感觉，是对事实的一种表述，多用于新产品发布等。

7.证明式： 以见证人的身份阐释产品与服务的好处，增强受众的信任感。可以自证，也可以是他证。

8.号召式： 用鼓动性的话语，号召人们做出某种决定或行为，语言具有暗示性和指向性，一般用祈使语句。

9.数字式： 数字干净利落，更有表现力，能增加事情的可信度，激起受众的阅读欲望。

10.话题式： 话题离不开网络热门词语与热门搜索，这些话题具有时效性，适合在人们热烈追捧和讨论某些话题时适当推出。

对比式标题　　　　　　　　新闻式标题　　　　　　　　证明式标题

号召式标题　　　　　　　　数字式标题　　　　　　　　话题式标题

如何写正文

1.总分式：总分式结构是现在微信文案中比较常见的一种布局方式，"总"是指文章的总起，起点明主题的作用；"分"指的是分层叙述，即将中心论点分成几个横向展开的分论点进行论证，逐层深入；最后呈现出一个发散的结构。因为有的文案太长，受众已经不需要总结了，只要看到了自己想要的信息即可。

以后熊孩子再打碎玻璃品
戴上SANITY手套捡玻璃碴
再不怕割伤手，安全够十足！

> "成都景区直通车"微信公众号的文案就经常用总分式这样的结构，例如，推广2019年四川航展的文案，第一段总括，介绍航展的主题、内容、地点；接下来分别介绍航展的看点，包括国际航空航天专业领域全面展示、超一流特技飞行全天候呈现、抖音顶级流量大咖献唱、吉祥物"星宝"文创高颜值亮相、特色小吃美食挑动味蕾等；最后进行购票与交通指引，将方方面面讲得非常清楚。

总分式正文

切菜时怕切到手？戴上SANITY盔甲
黄瓜放手套里，用大菜刀使劲剁！
手套毫发无伤

2.片段组合式：片段组合式主要是将要体现共同主题的几个生动、典型的片段有机地组合起来，用于叙述事件、描写商品特点、烘托品牌。这种方法主要是以叙事的手法来写作，但要注意每个片段的内容不要太多，且不能分散主题，一定要多角度地围绕主题进行展开推广。

徒手拿菠萝的时候，被扎要跳起
戴上SANITY手套
哗哗捏几下毛刺全没了！

> 脑白金的推广软文《人类可以长生不老吗》就采用了片段组合的形式，分别从"美国人的疯狂""《新闻周刊》的权威论断"两方面的片段，来说明产品的特性，最后再以"脑白金是什么"来烘托产品。

片段组合式正文

SANITY手套耐高温达120℃，低温-20℃
放在开水里煮都没问题
倒饭不怕烫、不怕被油点到！

3.并列式：并列式一般是从推广对象的各方面特征入手，不分先后顺序和主次，各部分并列平行地叙述，各组成部分间是相互独立的、完整的，能够从不同角度、不同侧面来阐述推广的对象，各部分前后位置互换，并不会影响文案主题的表现。

> 例如，某微信公众号推广一款切不烂、砍不断的家务手套，就分别描述了该款手套使用的不同场景，如戴上可以捡玻璃碎渣、切菜不怕切到手、可以徒手拿菠萝、做饭不怕被烫、捉鱼防滑以及打扫卫生不怕被清洁剂腐蚀等。这些场景描述交换位置，也不会影响文案的表达。

并列式正文

耐高温

第7章 创业营销：把你的好产品／服务推广出去

4.递进式：把受众关注的问题一层层剥开，步步推进、环环相扣，前后的逻辑关系不可随意颠倒。这类正文结构主要针对一些比较复杂的产品。例如，你可以用"是什么"——"为什么"——"怎么样"的递进结构。

联想的一篇名为"中国历史上最悲催的职业"的软文，就采用了递进式结构的写法，堪称"神文案"。它从职业这个话题谈起，提出历史上"悲催"的职业——刺客，再从刺客谈到皇帝，引起受众的兴趣与好奇。层层深入，分析皇帝"悲催"的原因，引出皇帝"悲催"是因为"被坑"，被宦官、近臣、太后等"坑"。接着顺势转折，提出在现代你能"比皇帝过得好"，巧用"太后"与"太厚"的谐音，将受众对"比皇帝过得好"的方法的好奇心嫁接到产品上，告别"太厚"，"薄"出位，引出联想的超薄笔记本计算机。

**递进式
正文**

5.三段式：这里的"三段"不是指自然段落，而是全文三个部分。第一个部分以简练的语言总括核心卖点，第二个部分交代详细的技术细节，第三个部分强化产品的独特优势与使用效果，刺激受众的购买欲望。

一篇推广小米7的软文就是运用三段式进行写作的，文案第一部分直接点出"雷军确认，小米7屏幕指纹识别"，第二部分开始详细介绍小米7的技术信息，并对坚果3和HTC U12的配置做了相关介绍，第三部分对本文案进行总结概述，得出结论：还是更偏好小米。

**三段式
正文**

6.穿插回放式：叙事线索超越时空，将描写的内容通过回忆插入、倒放等方式，融合成一个整体。

一篇名为"去年的衣服再贵，今年也不喜欢了"的软文，文案通过谈购物，引到消费观，再穿插回忆自己入职时候的事情来证实"去年的衣服再贵，今年也不喜欢了"的观点，并借机推广一个购物的小程序。

**穿插
回放式
正文**

如何写结尾

1.神转折式： 以出其不意的方式结尾，营造出人意料的效果，让受众留下深刻印象。

> 原来，他是故意安排出差来这里看她，却没想到遇到了她的婚礼。她从婚礼上追着跑了出去，茫茫人海，她突然在地上看到了他遗落的手机。这个手机型号是VIVO X5 Pro，双面2.5D弧面玻璃，第一感觉就是一个无限放大的"美"。当X5 Pro静静地躺在大理石上的时候，你能感受到它的静谧。而当第一缕阳光从其表面流过的时候，你能感受到它非常特别的魅力……

神转折式结尾

2.金句式： 用名言类金句或原创金句结尾，使受众升华对文案主题的感悟和认同感。

> 生命是如此之重，又是如此之轻，死亡让我们感知"什么是活着"。正如《奇葩大会》马东总结的那样："人生的绝境是什么？步步都可能是绝境，当你触碰到它的时候，就是人最应该深刻思考的时候。"

金句式结尾

3.话题讨论式： 在文末用提问式留下话题讨论，可以激发受众的互动积极性，促进受众主动留言，增加文案的热度。

> 哪本书或哪场电影看过之后令你失眠？我们将选取一个最佳留言，下期一起来聊聊。
> 说一说，当下你最渴望发生什么奇迹？
> 你有什么改善肤色的小技巧呢？给我留言吧。

话题讨论式结尾

4.引导行动式： 在结尾将利益或好处最大化，引导受众积极产生行动，包括关注、评论，以及购买。

> 2017年，365天的美好与感动，你值得拥有。倒计时的日子，美啊。干嘛，有钱任性！掌柜！包两本！（2017年某原创手绘日历的文案结尾。）

引导行动式结尾

5.固定式： 无论文案的内容是什么，结尾的内容及其排版都不变，目的是通过长期重复，给读者留下独特的标识性印象，增加自己IP的可辨识度。

> 不得不说，这样的微创新还是很赞的哈。（微信公众号"摄影日记"，所有介绍科技产品的软文，都以这句话结尾。）

固定式结尾

第7卷 创业营销：把你的好产品/服务推广出去

分析工具

如何为产品与服务制作一条创意短视频

现在短视频非常火爆，不同于微电影和直播，短视频制作并没有像微电影一样具有特定的表达形式和团队配置要求，具有生产流程简单、制作门槛低、参与性强等特点，又比直播更具有传播价值。其超短的制作周期和趣味化的内容对短视频制作团队的文案以及策划功底有着一定的挑战。可是我们很多人到现在都停留在观看短视频的阶段，年轻人赶快行动起来吧！下面介绍推广产品类的短视频制作攻略。

演员实拍型　通过故事情节植入广告，适用于大部分行业。针对具体产品，根据其核心卖点及用户痛点创作故事脚本，用符合目标用户设定的演员进行实景拍摄，在演员与产品的互动之中传达产品的优势，让用户在观看故事情节时潜移默化地接收产品信息，并产生进一步了解或购买的欲望。

直接展示产品广告，适用于机械、车辆、房产、生活服务行业。没有具体故事情节，直接对产品进行分析，策划最适合产品的展现方式，进行实景、实物拍摄。　**产品展示型**

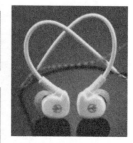

定格动画型　用定格动画创意形式展现，适用于教育培训、生活服务行业。拍摄产品多角度定格照片，全方位展现产品特点，运用后期剪辑技巧呈现视频。

通过后期剪辑特效包装呈现，适用于无实物产品的招商、商业服务等虚拟产品。根据产品风格选取匹配的视频特效，通过后期剪辑特效并配合文案进行综合呈现。　**特效包装型**

素材剪辑包装型　利用现成素材进行二次编辑，适用于房产、金融、服务行业。记住，这些素材要么得到正规授权，要么通过合法途径在网上购买。对原有视频素材进行再次编辑，可达到比原视频更好的效果。

应用练习

为你的产品与服务定制量身定制一篇推广文案

必做练习

为你们团队的产品与服务，撰写一篇应用在微信公众号的图文式文案，请在下面的表格内练习。

最终文案成品请排版编辑并发布，记得在中间插入一段你们拍摄的短视频哦！

结　构	所采用的方式	你的文案内容
标　题		
开　头		
正　文		
结　尾		

第7章　创业营销：把你的好产品／服务推广出去

7.3 策划有趣好玩的线上/线下营销活动

线上营销 VS 线下营销

按营销传播的载体划分，可分为线上营销与线下营销。线上营销活动包括但不限于：电视广告、电话营销、网络广告、E-mail营销、APP、搜索引擎竞价推广、微信社群营销、自媒体平台推广（头条号、百家号、微信公众号等）、软文推广（贴吧、豆瓣、地方论坛、与企业产品相关的行业论坛等）、短视频推广（抖音、快手、火山、视频博客等）。线下营销活动包括但不限于：店面促销活动、行业会议会展、活动营销、商家联盟互惠、广告牌广告等。

体验经济时代，怎能不懂营销。随着移动互联技术的发展，线上营销成了近年来最为热门的营销方式，似乎已占据了时代主流。线上营销的确有很多优点，如覆盖率广、成本低、精准度高，以及可以实时监测效果等。尽管线上营销发展势头迅猛，但我们会发现线下活动重新有了崛起之势。根据《2018年活动营销报告》，95%的营销人员认为，相比虚拟的在线网络交流，线下的现场活动更具吸引力，因为它可以为参与者提供一个面对面交流的宝贵机会。近年来，线下营销活动也变得时尚起来，除了快闪风潮、地铁广告，还创新出具有互动参与感的沉浸式戏剧，以及各式各样的艺术展。其实无论是线上营销，还是线下营销，成功的营销活动往往都是有趣好玩的。而且，线上与线下营销没有明显的边界，线上与线下无界融合才是未来的趋势。下面我们来看看在体验营销时代，如何策划一场能够制造话题、热点的"网红级"营销活动。

【小案例】这些巧妙创意，让你重新认识线下营销活动

—— **网易云音乐打造了一面"镜面长廊"**。2018年1月4日，网易云音乐推出了"2018，照见自己"线下主题活动，在北京团结湖地铁站打造了一条"镜面长廊"。在全长数十米的完整镜面上呈现了14组网易云音乐用户乐评，如"我只有一句话：你的江湖，多远我都来""我要漏出一点马脚，好让你发现我喜欢你""你那么年轻，你

创业小白实操手册

可以成为任何你想成为的人"等，这些有关温暖、爱情的文字，让不少人产生共鸣。

——"得到"在菜市场举办了一场经济学的主题展。在知识付费平台"得到"上有一门课程《薛兆丰的经济学课》备受欢迎，199元/年的价格已经有近27万人订阅，贡献了超过5000万流水。2018年6月15日，"得到"在北京三源里菜市场开设了一场与众不同的主题展"菜市场遇见经济学"，而这也是《薛兆丰经济学讲义》的新书首发会。展览之外，"得到"还在其 APP上发布了一组"菜市场经济学"的主题海报，每张海报以经济学家的学术理论和日常小人物的"对话"为主要内容，体现出经济学是一门与人们日常生活最贴近的学问。从知乎到腾讯，从网易新闻到饿了么，从花样百出的主题展到吸引流量的快闪店，"走到线下"成为越来越多互联网品牌的营销宝典。究其原因，消费者对于互联网品牌的虚无感可能是最大的影响因素，这个时候，选择合适的线下场景并植入恰如其分的内容，就显得至关重要。

——网易LOFTER推出"城市晚安帐篷"艺术展。LOFTER 作为网易旗下深受年轻人喜爱的兴趣社交平台，囊括了包括二次元、摄影、绘画、娱乐、旅行在内的多个兴趣领域。2017年7月，LOFTER推出"不打烊展览馆"，致力于通过不同的装置艺术，传递青年文化理念。2018年6月，网易LOFTER 联合 Kinbor（广博文具旗下的文创生活品牌）、日食记（微博知名美食视频博主）、二更视频（国内知名的原创短视频内容平台）打造了一场只在晚上8点后才接受参观的"城市晚安帐篷"生活艺术展。此次展览以"年轻人你为什么不睡觉"作为切入点，通过帐篷将晚安后的个人空间具象化，设置了六大年轻人晚安主题，分别为发呆主题的"放空洞"帐篷，音乐主题的"瘾音室"，游戏主题的"玩物吧"，加班主题的"无底洞"，夜宵美食主题的"味觉屋"，故事主题的"晚安放映厅"，全景式展现了年轻人不睡觉的多元生存状态。在展览创意上，网易LOFTER还加入了投影技术，将不同主题的鼓励金句投射在帐篷上，如加班主题的"无底洞"对应的是"知道自己在哪条路，所以凌晨三点也并非残酷"，游戏主题帐篷则是"无法游戏人生，但可以在游

戏里过另一种人生"，通过对当下年轻人心理的精准洞察传递出品牌态度。网易LOFTER掀起的艺术展，是在洞察到当下青年的小情绪后而进行的线下落地。

——苏宁易购开了一个家电博物馆。2018年4月，为了给苏宁易购电器购物节造势，苏宁不仅承包了地铁通道、公交站和道路两侧的广告牌，还在南京新街口苏宁生活广场开了一个真实存在的家电博物馆。不过与大多数艺术展不同的是，这次展览的主角既不是时尚潮流单品也不是

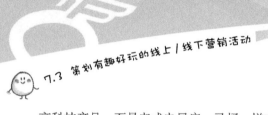

高科技产品，而是老式电风扇、马桶、搓衣板、洗碗池、飞毛牙刷、老式电饭锅等物品，在智能家电大军的进攻下，这些"古董家电"变成了展品被放置进陈列柜里。通过线下展览的形式，用老旧家电的展示来反衬智能家电给生活带来的便利和舒适，在新旧对比之间探索着消费习惯的变迁。

—— **今日头条打造"冬日森林"创意互动展**。2018年，今日头条生机大会为内容创作者和用户送上一场创意互动展，利用"打卡"心理、年轻化场景和多重奖励机制策划出优秀的体验营销线下活动。互动展共分为6大区域和29个主题创意展位，其中随处可见"打卡爱好者"们热衷的INS风、古风、Geek风等"网红式"主题，用户还可以现场参与扎风筝、绣刺绣等活动，让打卡有了可"晒"性。创意体验展面临的最大挑战，就是如何将抽象的内容"实体化"，解决方案是提取每一位创作者的内容中的"基因关键词"，并围绕这一关键词衍生创意，通过构建年轻化、有网感的场景，让用户产生沉浸式的体验。例如，头条号"脑洞历史观"就搭建了一座颇具科幻感的"脑洞时光隧道"，反光的墙面容易让人联想到光怪陆离、五光十色的"脑洞"，具有纵深感的场景和内部陈列的书籍则与历史主题相互呼应。场景的年轻化和体验的沉浸化，让今日头条上的内容打破次元壁，成功地用趣味"圈粉"现场参与者。此外还有多重激励设置，头条号作者"大胃mini"发起的"吃货大作战"，挑战大胃家族的12道美食题，就能瓜分万元奖励，让用户在"闯关"和"竞争"中收获刺激感；头条号"小陶农夫"则让用户可以亲手体验陶瓷制作过程，体验"目标达成"的满足感。我们常见的线上的营销活动有打折、秒杀、免单、满减、满送、满返、买送、搭售、好评晒图、试用、积分、抽奖、团购、预售、满一定金额包邮等。这些其实都是商家促销方式，其中很多也是线下促销会用到的方式。

随着数字技术的发展，线上的营销方式已经千变万化，这也使得我们每个人的手机成为线上场景化营销的重要战场。HTML5、长图、AR等 —— 数字技术手段为我们提供了广阔的创作空间和丰富的表现形式，诞生出众多富有体验感和冲击力的线上场景营销案例。

【小案例】

——**《白夜追凶》在淘宝的"惊吓"彩蛋**。网剧《白夜追凶》大热时，很多人在微博、朋友圈、豆瓣等社交平台看到了这句话："淘宝搜白夜追凶，有惊喜"。当人们打开手机淘宝搜索"白夜追凶"后，弹出了一支电话来电的HTML 5 。这支HTML 5将"打电话"的情境与《白夜追凶》进行了结合，并创新地选择了淘宝这样一个购物环境作为投放渠道，而非朋友圈或其他社交环境，达到了广泛传播的效果，《白夜追凶》曝光量得以大幅提升。

—— **AR扫一扫，在汉堡王餐垫上"开战"**。快餐品牌与游戏IP除了联名卖玩偶以后，还可以玩出什么花样呢？来自美国的快餐品牌汉堡王（Burger King）与芬兰Supercell旗下的游戏IP《部落冲突》野蛮人之王 (Barbarian King)一起联袂出演一部《餐垫上的部落冲突》。他们从用餐体验场景切入，设计了一款特别的汉堡王餐垫，用户只需要根据说明将皇堡与可乐放置到餐垫上的特定位置以后，即可通过QQ的AR扫描功能来扫描出一段野蛮人之王与汉堡可乐的AR动画。为了能让这款餐垫触达到更多的人，用户除了可以在主题门店获得之外，还可以在全国范围内通过饿了么APP下单汉堡王主题套餐，即可随餐获得这款AR餐垫。

—— **H5+短视频，明朝皇帝朱棣穿越给你说Rap**。2016年下半年，故宫与腾讯合作举办"Next Idea×故宫"腾讯创新大赛，推出《穿越故宫来看你》的HTML5作为邀请函，明朝永乐皇帝朱棣从故宫的画中穿越到现在，戴上太阳镜、唱着Rap、跳着骑马舞、玩自拍、发朋友圈。这支HTML5仅上线一天，访问量就突破300万，在微信朋友圈呈现出"刷屏盛况"。此HTML5将故宫与新生代事物相结合，以皇帝穿越为主题，引入说唱音乐风格，互动性、刺激性非常强。这已不是故宫淘宝第一次刷屏，"卖得了萌要得了贱"，故宫淘宝已成为社交媒体上一大焦点，如同之前的皇帝朱批"朕知道了"一般风靡网络。

—— **1篇微信软文，勾起你对自由远方的向往**。航班管家与微信公众号新世相曾联合推出"逃离北上广"营销活动，当时新世相的一条微信文章《我买好了30张机票在机场等你：4小时后逃离北上广》刷爆了朋友圈和各大社交圈。无论从"说走就走"的创意，还是"逃离北上广"本身释放压力的寓意，都是一次撩动用户痛点的传播，这样的内容往往都能击中人们那颗脆弱的心。此次营销活动共带来近1500万次曝光，新世相公众号涨粉11万。

分析工具

新产品如何做营销活动

我们研发出新产品，向市场和用户进行推广，是令人兴奋而极具挑战性的。成功的营销活动不仅要能形成流量的传播，更要有实际效果。下面，我们通过三大步骤教大家如何做一个成功的新产品营销活动。

第一步 找到产品对用户的价值点

我们做推广时，会一直说产品哪里好，但也许实际上这些优点用户都不关注，在用户心中这些东西都是没有价值的。而用户真正想要的东西，他/她自己也难以表述。我们要主动找到产品和用户的结合点，把它清晰地表达出来。你是谁不重要，用户认为你是谁更重要，这是关键的第一步。脉脉刚推出时，没人知道它是干什么的，于是它打出了"生活用微信，工作用脉脉"的标语，受众立刻就能明白，它就是工作版的微信。

第二步 将价值做成可传播的内容

1.强化场景。我们需要占领用户的心智，跟竞争者建立足够的区隔。用户一旦在某种场景记住了这个产品，记住第二个产品非常难。如果我们的产品具有创新性，更应该选择一个细分的场景，让用户在某个时间、某个空间、某个事件的时候，能够自然而然地想到这个产品。例如，"今年过节不收礼，收礼只收脑白金"，脑白金一直在强化自己的送礼场景，受众在过年送礼的时候首先就会想到它。

2.强化卖点。在相对而言竞争比较激烈的市场，强化卖点可以准确地切下一块属于我们的市场"蛋糕"。各手机都在寻找自身的特点，并通过主打这个特点影响用

户。例如，坚果手机"漂亮得不像实力派"，其本质是说手机外形美观；OPPO手机"充电五分钟，通话两小时"，是在强调自己的快充功能。

3.强化符号。符号，跟人的五感相关，包括视觉、听觉、嗅觉、味觉、触觉。如果把场景或者卖点变成一种符号，可以缩短用户感知的路径，产品更容易传播和记忆。可口可乐与百事可乐最大的差别是颜色，一个是红色，一个是蓝色；共享单车也是如此，通过颜色来区分自己的符号，并扩大符号的影响力，"ofo共享单车"后来改名为"ofo小黄车"就是最好的证明。

第三步　找到合适的载体对用户进行传播

　　线上、线下营销没有完全的优劣之分，也没有泾渭分明的边界，我们要根据产品定位选择能接触到用户的最合适的渠道载体，线上与线下的营销活动是可以结合起来的；还要考虑投入产出比，不管是线下推广活动与投放广告，还是线上推广活动与投放信息流广告，都涉及费用成本。也许我们作为初创团队，通常都是从低成本的新媒体"养号"开始起步，但是不要忘记，如果你要找的用户并不在你找的载体上，就会发生错位。我们不要固执于低层次的起步，尽力获取必要的资源，找到最有效的传播推广载体才是合适的。

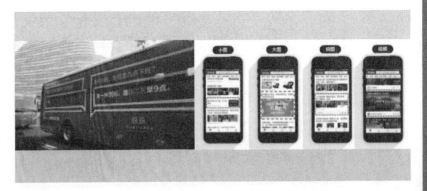

第7章　创业营销：把你的好产品/服务推广出去

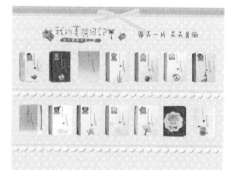

应用练习

请为一款美妆产品策划营销活动

做营销活动策划并不意味着在网上下载一份模版照着填，我们必须学会分析营销活动最本质的问题，现在先跟着前面的三大步骤试试给一款美妆产品做营销活动推广策划吧！

"我的美丽日记"是来自中国台湾地区的面膜品牌，致力为年轻女性提供丰富的面膜选择。自2004年创立开始，即秉着让所有女生"每天都可以更美一点"的概念，推出各种平价、多变化，适合每天使用的面膜。为符合所有女生每一天都希望可以看到更有活力，更有光彩的皮肤，它的每一项面膜产品都针对不同肤况，使用不同成分来解决女生每天皮肤会遇到的小问题。不论是干燥、粗糙、毛孔粗大、出油等问题，都可以根据每天皮肤的情形来选择适合当天肤质、心情的面膜，借由20-30分钟的密集面膜保养，让皮肤吸收面膜上满满的精华液。

创业小白实操手册

第一步 找到产品对用户的价值点	在用户心中，真正在意的面膜价值点是什么？	
第二步 将价值做成可传播的内容	把这款面膜放在哪一个特定的细分场景？	
	面膜最主打的卖点是什么？	
	把场景或者卖点变成哪一种符号，去影响用户的五感？	
第三步 找到合适的载体进行传播	做线上／线下营销推广，最合适的渠道载体是什么？	

第 8 章 路演与呈现

8.1 撰写商业计划书

8.2 路演技巧

8.1 撰写商业计划书

商业计划书

商业计划书（Business Plan）：简称BP，是创业者准备的书面计划，通过自我评估，分析和描述创办一个企业或项目所需的各种因素，并按照一定的内容和样式编写，用于招商、融资或其他发展目标的展示和说明。它是企业或项目完整、深入、具体的行动指南，分为文本商业计划书和PPT商业计划书两种形式。

商业计划书的作用： 系统梳理企业或项目的工具
向合作伙伴提供的介绍信
吸引投资人融资的敲门砖
凝聚团队和对外展示窗口

逻辑清晰

突出重点

文字简练

视觉美观

创业小白实操手册

商业计划书九步框架

一、项目简介
二、行业痛点
三、解决方案
四、核心优势
五、商业模式
六、营销方案
七、团队介绍
八、发展规划
九、融资计划

一份好的商业计划书应体现哪些方面
（面面俱到不现实，择优总结4-6点即可）

痛点是否清晰？产品是否真正解决了用户的痛点？是否在用户可以接受的价格之内？如果产品解决痛点的方式具有独特性且难以复制，那说明客户需求度高，具有市场空间且未来不会有太激烈的同质化竞争。

所选择的行业是否处于政策红利期？关注国家鼓励和扶持的产业方向，抓住专项资金政策红利，可在创业路上获得事半功倍的效果。

未来计划是否体现了前瞻性的布局？创业拼的是未来，市场瞬息万变，如果不能做前瞻性布局，便有可能处于落后和被动的局面。一份好的计划书，应该做好前瞻性规划，在危机到来之前提前做好准备。

时机，指的是市场机遇。是否处于最佳切入点？如果已经过了窗口期，布局已经来不及，投资人会谨慎进入。如果还未到爆发期，投资人也会思考是否进入时期太早。

具有独占性的技术带来的先发优势主要有两方面。
第一是技术壁垒，竞争对手研发同类技术、绕过保护的专利需要时间和更多成本。
第二是用户心智壁垒。当一个产品发布以后，如果竞争对手还没来得及在180天以内反应，先行者就能很快建立起自己的口碑和用户基础，从而大大增加竞争对手的赶超压力。

知识、经验、人脉、资本都是创业不可或缺的资源。创业团队是否拥有独占性或稀缺资源？好的资源积累可以让创业路走得更顺畅。

业务模式是否符合逻辑，有赢利的可能？且随着业务的发展，是否可以体现更大的盈利空间与可复制性？

投资人可以根据项目创始人的经历判断其是否了解项目所在的行业，还可根据创始人是否有过创业经历判断其是否有抗挫折风险能力，还可以根据创业团队的构成判断团队是否便于管理。

投资人的视角

- 产品
- 政策
- 时机
- 技术
- 模式
- 团队
- 资源
- 布局

应用练习

撰写一个项目计划书

Step1. 项目的总介绍

尽可能用一句话说清楚，我是什么人，在做什么事，想解决什么问题，有什么亮点。

写一写你的项目，用一句话介绍

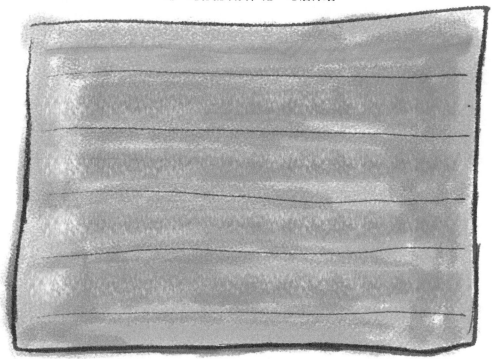

创业小白实操手册

试试回答以下问题

（1）我们是谁_____。

（2）我们项目在为_____的人群解决问题。他们会购买我们的产品/服务。

（3）我们在做什么_____。

（4）我们的核心产品/服务是_____
_____。

（5）我们首创了_____。

（6）我们的市场估算有 _____。

（7）我们是为_____服务，这个工作处于_____领域的_____环节。

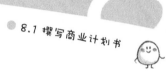

应用练习 — 撰写一个项目计划书

Step2. 行业背景和现状，引出痛点（痛点与市场规模）

（1）项目相关的行业背景。

（2）发现了一个什么样的痛点，规模如何？

- 我们在什么人群中找到了这个痛点？（细分客户、目标市场）
- 痛点带来的损失。（可以感性描述痛点带来的感受，辅以案例）
- 有多少人有这个痛点？（宏观损失计算，最好用数据描述）

写一写你的项目的痛点与市场规模

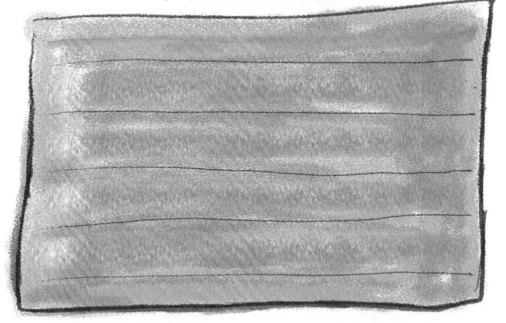

试试回答以下问题

（1）由于_____等不必要的中间商在赚差价，所以导致我们成本高昂。

（2）现有的解决方案，只考虑了_____的人群的需求，没有考虑_____人群的需求。

（3）现有的解决方案，在_____环节做得还不够好。受到影响的人群有_____。

（4）每次用_____，我都觉得_____不爽。

（5）对于_____类型的服务，服务风格都是偏老化的，未能满足新新人类（90后，00后）的需求。

（6）由于当前_____环节的低效率，总体给整个生产活动带来了_____的影响，这种影响降低了生产效率/提高了生产成本，带来了高达_____的损失。

（7）新技术出现后，我们需要用更有效率的方法来替代目前_____的环节。

第8章 路演与呈现

应用练习　　撰写一个项目计划书

Step3. 我们有一个很棒的解决方案（解决方案）

1. 用一两句话讲清楚准备做什么事。
2. 解决方案或者产品是什么，提供了怎样的功能？
   （要专注聚焦，不追求大而全）

写一写你的项目的解决方案

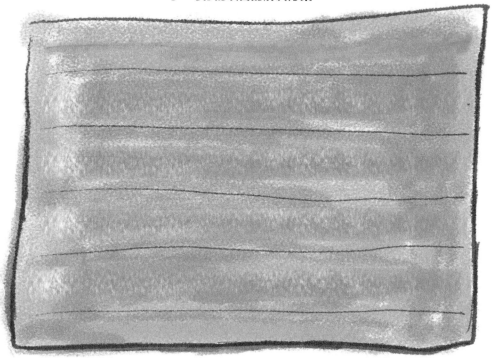

创业小白实操手册

试试回答以下问题

（1）我们解决了＿＿＿＿＿＿问题，满足了
＿＿＿＿＿＿未被充分解决的需求。

（2）别人因为＿＿＿＿＿＿ 没有看见商机，或
因为＿＿＿＿＿＿无法提出满足需求方案。

（3）我提出的解决方案可以在＿＿＿＿范围内
复制和＿＿＿＿＿范围内被接受。

（4）我基于＿＿＿＿＿的技术提出解决方案。

（5）和原来解决方案最大的不同是＿＿＿。

（6）我解决了被替代品的＿＿＿＿缺点。

（7）能不能列出具体的设计图、商业模式关系
图，拿出最简可行产品或在测试的产品？

应用练习

撰写一个项目计划书

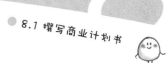

Step4. 我们比别人厉害，"OMG，买它！"

（优势、竞品分析）

（1）说明产品或解决方案的优势或核心竞争力。

● 项目与众不同的地方是什么？

● 你的核心竞争力是什么？（即使别人看懂了也一时半会儿学不会）

● 你的技术有没有门槛？（有没有专利、软著等保护）

（2）横向竞品对比分析。（选取关键维度做对比分析，要客观、真实）。

写一写你的项目的核心竞争力

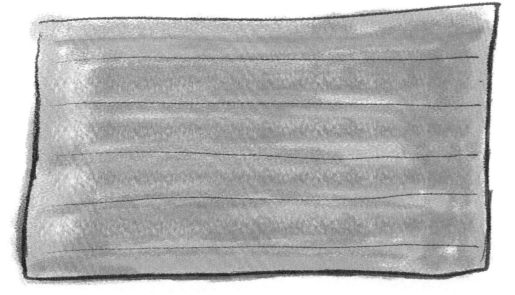

试试回答以下问题

（1）我们的产品/服务代表了_____，在_____最与众不同。

（2）因为_____优势资源让我们与竞争对手拉开距离。他们大约要花____才能追上我们。

（3）我就这一解决方案申请了_____等_____个技术/专利。

（4）我们最大的创新点是_____。

（5）我与竞品相比在_____等维度最具竞争力。

（6）我的解决方案与原来/竞品相比，成本降低了_____，效能/效率提升了_____，增加了_____等客户迫切需要的功能。

（7）我的商业模式里面_____等环节即使竞争对手看懂了也模仿不了，因为_____。

第8章

路演与呈现

应用练习

撰写一个项目计划书

Step5. 我们很靠谱，我们能赚钱（商业模式）

未来打算如何实现盈利。（商业模式）

● 我们如何为客户创造效益的？

● 如果不是用户付费，那是谁在付费？（商业模式的设计）

● 通过对成本与销售收入的计算，多久才能开始赚钱呢？

写一写你的项目的商业模式

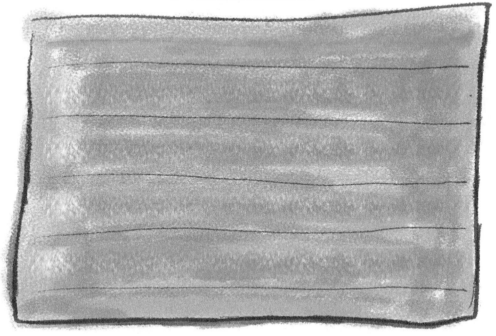

试试回答以下问题

（1）我们的产品/方案为客户创造了_____价值（或节约了成本，或减少了恐惧），因此顾客愿意为了_____付费。

（2）我们基于_____而定价，成本_____，利润_____。

（3）我因为_____而能够持续赢利。

（4）除了付费，我们还有_____、_____、_____等多个不同的营收渠道。

（5）我们大概在_____、_____、_____等方面会产生成本，大约是多少钱。随着规模扩大，这个成本会下降到_____。

（6）在_____时段内每单位营收_____。

（7）我们预计从_____开始赚钱。

创业小白实操手册

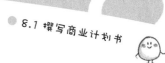

应用练习　　**撰写一个项目计划书**

Step6. 我们是怎样让客户掏钱的（营销方案）

（1）我们的客户是谁？

（2）我们打算如何向我们的客户营销？（营销、销售计划）

写一写你的项目的营销模式与可用于营销的资源

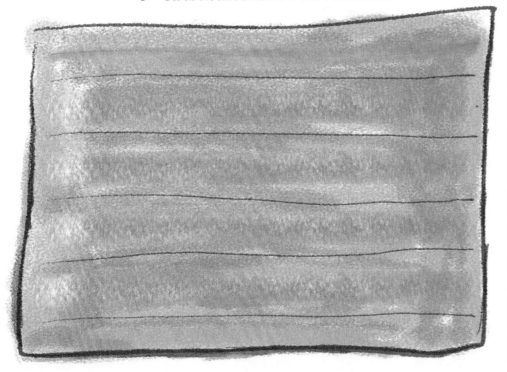

试试回答以下问题

（1）我们的目标客户群是_____，最近的客户在_____。

（2）客户的消费习惯是_____（时间、地点、方式），所以我们可以通过_____的方式接触到他们。

（3）我们用_____的方式去营销最有效，成本大约是_____。

（4）我们通过_____方式将产品打入市场。

（5）我们最重要的销售/推广渠道是_____。

（6）我们会用到_____等特别的营销方法。

（7）我们的产品/方案预计有_____市场占有率。

（8）我们可以通过给客户_____等好处，让客户把产品转介绍给其他客户。

第8章

路演与呈现

应用练习

撰写一个项目计划书

Step7. 我们团队很牛，我们能把这个项目做好（团队）

（1）团队的人员规模和组成。

（2）团队主要成员的分工、背景和特长，并说明个人能力与岗位的匹配度。

（3）团队的核心竞争优势。

写一写你的项目的团队情况

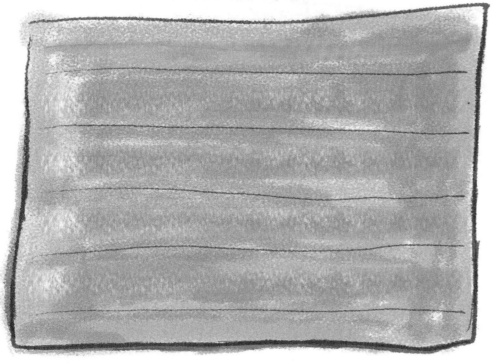

创业小白实操手册

试试回答以下问题

（1）不是别人而是我们能把事办成的原因是_____。

（2）我们的团队人员有_____人，组成结构是_____。

（3）创始人的学习背景、特长与经历是_____。

（4）每一个团队成员的学习背景与特长：_____。

（5）团队分工计划：_____。

（6）团队核心竞争优势在于_____。

（7）核心发起人有_____资源，核心技术人与团队是_____关系。

（8）团队股权分配方式：_____。

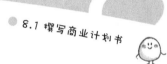

应用练习

撰写一个项目计划书

Step8. 截至目前我们的进展如何&我们的未来计划（规划）

（1）我们都做了哪些可以让投资人相信我们能成功的事情。（已发生的成功事件）

（2）我们未来的计划。（要让人相信我们有计划、有步骤、有条不紊地向前推进工作）

写一写你的项目的未来规划

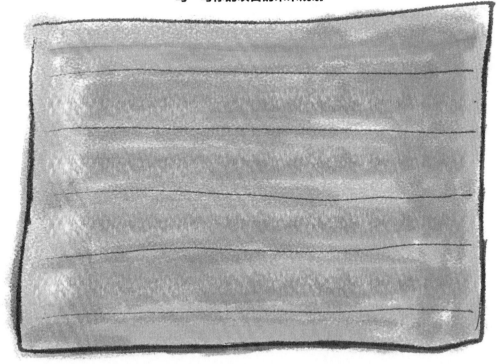

试试回答以下问题

（1）我们的项目启动于_____（时间）。

（2）截至目前我们已经取得_____等阶段性成果。我们的经营数据如下_____。

（3）产品/方案在_____迭代，系列化产品研发进度_____。

（4）目前阶段已经达成的关键指标（产品、研发、销售等）_____。

（5）我们基于_____制定未来规划。

（6）未来6个月经营业绩预测曲线图_____，1年业绩预测_____，3年业绩预测_____。

（7）我们因为_____控制市场发展风险。

（8）未来三年我们计划要达到____的增长率，具体通过以下计划来实现（产量、团队规模、市场规模）：_____。

第 8 章

路 演 与 呈 现

应用练习

撰写一个项目计划书

Step9. 我们的项目能赚钱，投我投我投我（融资）

（1）收入预估。

（2）融资计划。（及前期融资情况）

写一写你的项目的融资计划

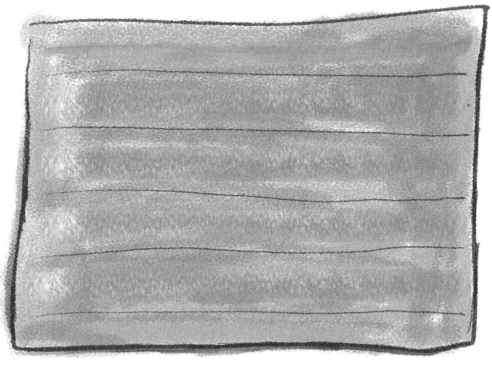

试试回答以下问题

（1）我们在_____阶段收入预估为_____。

（2）我们在经营预测的基础上未来1到2年的利润表为_____。

（3）我们前期已经获得 _____融资资金，用于_____，成效为_____。

（4）我们计划融资_____（多少钱），主要用于_____、_____、_____等方面，做_____事情，这些钱可用到_____（时间）。

（5）我们计划融资_____（多少钱），出让_____%的股权。

（6）目前估值_____，基于_____的方法来计算。

（7）到下一轮融资之前，我们计划在_____（产量、销量、研发进度）等方面进展到_____程度。

创业小白实操手册

分析工具

8.2 路演技巧

路演

项目路演是商业计划书展示的关键环节，有公开路演、一对一路演等形式，在内容和视觉的呈现上要注意细节和技巧。

- 严格把握时间分配（需要提前进行多次练习）。
- 路演方案需要反复修改和打磨，做好充分的准备，而不是寄希望于现场即兴发挥。
- 衣着风格应与创业项目相匹配。
- 应吐字清楚、语句连贯、适当停顿；语速适中、比正常说话略快；音量较大，有重点变化；用语要清楚、有节奏、无毛病。
- 语言尽量简洁、精练、保持平稳的语速、少用"被过度使用"的词语，少夸大或用过于武断的判断。

- 仪态自然，情感充沛
- 注意目光交流。
- 用讲述的方式进行演讲，而不是念 PPT。演讲中增加互动，刺激投资者的兴奋点，带动投资者参与的积极性。

细节

PPT 呈现

感情

表达逻辑

- 结构明确，风格统一。
- 逻辑清晰（见 8.1 撰写商业计划书）。
- 以简洁明了的图片、数据、图表为主，辅以简练的总结性话语。
- 根据路演时间决定 PPT 页数，一般为 15-20 页，最多不超过 30 页。

- 把握节奏，不平铺直叙，有详有略，重点突出。
- 用有效数据说明问题。
- 参考顺序：项目概述 - 市场痛点 - 解决方案 - 用户分析 - 核心团队 - 市场空间 - 推广方式 - 商业模式 - 竞争优势 - 财务预测 - 融资规划。演讲时可以根据项目需求修改顺序。
- 不断凝练项目的特点，力争用一句话甚至几个字说清楚项目核心。
- 如果能在一开始设计一个事件、故事或悬念引起观众注意，可以加分。

第 8 章

路演与呈现

附录

Appendix

发现问题
Problem Discovery

伦纳德 · A.施莱辛格，查尔斯 · F.基弗，保罗 · B.布朗 . 创业：行动胜于一切 [M]. 郭霖，译 . 北京：北京大学出版社，2017.
彼得 · 德鲁克 . 创新与企业家精神 [M]. 朱雁斌，译 . 北京：机械工业出版社，2018.
斯蒂芬 · 温克尔，杰茜卡 · 沃特曼，戴维 · 法伯 . 创新者的路径 [M]. 符李桃，译 . 北京：中信出版社，2019.
克莱顿 · 克里斯坦森，泰迪 · 霍尔 . 创新者的任务 [M]. 洪慧芳，译 . 北京：中信出版社，2019.
余晓敏，等 . 社会企业与中国社会发展的创新实践 [M]. 北京：中国经济出版社，2018.

创新方法
Innovating Method

金南局 . 创新从效仿开始 [M]. 王笑天，洪梅，译 . 海口：南海出版社，2014.
史蒂文 · 约翰逊 . 伟大创意的诞生：创新自然史 [M]. 盛杨燕，译 . 杭州：浙江人民出版社，2014.
杰奎琳 · 贝克利，杜尔塞 · 帕雷德斯，肯纳庞 · 罗派得卡拉特 . 产品经理创新手册 [M]. 吴彤，王竹，译 . 北京：人民邮电出版社，2017.
何文彬 . 商业产品经理：腾讯教我的产品工作思维 [M]. 北京：电子工业出版社，2019.
刘飞 . 从点子到产品：产品经理的价值观与方法论 [M]. 北京：电子工业出版社，2017.

创新条件
Resource Accessing

今枝昌宏 . 商业模式教科书（高级篇）[M]. 王晗，译 . 北京：华夏出版社，2020.
奥利弗 · 加斯曼，卡洛琳 · 弗兰肯伯格，米凯拉 · 奇克 . 商业模式创新设计大全 [M]. 聂茸，贾红霞，译 . 北京：中国人民大学出版社，2017.
任康磊 . 小团队管理的 7 个方法 全图解落地版 [M]. 北京：人民邮电出版社，2019.
于强伟 . 股权架构解决之道：146 个实务要点深度解析 [M]. 北京：法律出版社，2019.
陈劲，郑刚，蒋石梅 . 创新管理赢得持续竞争优势案例集 [M]. 北京：北京大学出版社，2017.

验证执行
Testing&Executing

杰克 · 纳普，约翰 · 泽拉茨基，布拉登 · 科维茨 . 设计冲刺：谷歌风投如何 5 天完成产品迭代 [M]. 魏瑞莉，等译 . 杭州：浙江大学出版社，2016.
埃里克 · 莱斯 . 精益创业：新创企业的成长思维 [M]. 吴彤，译 . 北京：中信出版社，2012.
叶小鱼，勾俊伟 . 新媒体文案创作与传播 [M]. 北京：人民邮电出版社，2017.
张进财 . 打动投资人：直击人心的商业计划书 [M]. 北京：清华大学出版社，2019.
郑刚，陈劲，蒋石梅 . 创新者的逆袭：商学院的十六堂案例课 [M]. 北京：北京大学出版社，2017.

参考文献

[1]王中强，陈工孟.创新思维与创业教育[M].北京：清华大学出版社，2017.

[2]苏杰.人人都是产品经理——写给产品新人[M].北京：中国电子工业出版社，2017.

[3]王可越，税琳琳，姜浩.设计思维创新导引[M].北京：清华大学出版社，2018.

[4]亚历山大·奥斯特瓦德，伊夫·皮尼厄.商业模式新生代 [M].黄涛，郁婧，译.北京：机械工业出版社，2016.

[5]魏炜，朱武祥，林桂平.商业模式经济解释[M].北京：机械工业出版社，2012.

[6]林咏慈.商业模式设计时代[M].北京：机械工业出版社，2018.

[7]劳莘，周杰.重塑商业新生态：商业模式创新设计实战方法论[M].北京：人民邮电出版社，2016.

[8]罗纳德·布朗.预见：创业型小团队的制胜之道[M].李晟，译.北京：北京大学出版社，2017.

[9]李利威.一本书看透股权架构[M].北京：机械工业出版社，2019.

[10]凯瑟琳·麦克尔罗伊.原型设计：打造成功产品的实用方法及实践[M].吴桐，唐婉莹，译.北京：机械工业出版社，2019.

[11]骆芳，秦云霞.新媒体文案策划与写作——从入门到精通[M].北京：人民邮电出版社，2019.

[12]勾俊伟，刘勇.新媒体营销概论 [M].2版.北京：人民邮电出版社，2019.

[13]吴隽，邓白君，王丽娜.从0到1一起学创业[M].天津：南开大学出版社，2019.

[14]吴隽，张建琦.创业视角下的效果推理理论研究述评与展望[J].技术与创新管理，2016，37(03):295-301.

[15]张惠心.两级传播论在网络口碑营销中的应用[J].现代商业，2011(17):47.

[16]张建琦，安雯雯，尤成德，等.基于多案例研究的拼凑理念、模式双元与替代式创新[J].管理学报，2015，12(05):647.